Kuchen nur versehentlich gesendet!

Kuchen nur versehentlich gesendet!

Kulinarische Anekdoten und Kuriositäten

Ausgewählt und aufgezeichnet
von Frank Schweizer

Philipp Reclam jun. Stuttgart

© 2009 Philipp Reclam jun. GmbH & Co., Stuttgart
Satz und Druck: Reclam, Ditzingen
Buchbinderische Verarbeitung: Kösel, Krugzell
Printed in Germany 2009
RECLAM ist eine eingetragene Marke
der Philipp Reclam jun. GmbH & Co., Stuttgart
ISBN 978-3-15-010686-0

www.reclam.de

Inhalt

Hors d'œuvre

Speisen

Getränke

Hors d'œuvre

*Kochen ist, trotz des Boheis, der darum veranstaltet wird,
überhaupt nichts Elitäres. Im Gegenteil: Wie aus dem Rohen
das Gekochte wird, ist eine elementare Erfahrung; so entsteht,
was man Kultur nennt.*

Wiglaf Droste

Kochen und Essen –
Leidenschaft mit und ohne Maß

Der Anfang und die Wurzel alles Guten ist die Lust des Bauches.

Epikur

Der römische Millionär und Gourmet Marcus Gavius Apicius (1. Jh. n. Chr.) schrieb das erste europäische Kochbuch. Er war der Inhaber einer Kochschule und kein Weg war ihm zu weit, wenn es darum ging, neue Köstlichkeiten auszuprobieren. Beispielsweise mietete er ein Schiff und fuhr an die Küste Libyens, weil er gehört hatte, dass dort die besten Krebse zu finden seien. Er ließ Schweine mit Feigen mästen, weil so die Leber den besten Geschmack entwickelte (das französische Wort für Leber *foie* leitet sich deswegen aus dem lateinischen Wort für Feige *ficus* ab); anschließend tötete er die Schweine mit einer letalen Dosis Honigwein, um der Leber noch etwas Süße zu verleihen. Als Feinschmecker empfahl er die unerhört teuren Flamingozungen und Rezeptvorschläge wie »Der flammenspeiende Pfau«, gebratene Schweinezitzen oder gefüllte Haselmäuse.

Als Apicius 100 Millionen Sesterzen für die Kochkunst ausgegeben hatte und er bemerkte, dass ihm »lediglich« noch 10 Millionen zum Leben blieben, beendete er sein Leben, weil er glaubte, ohne den gewohnten Luxus nicht weiterleben zu können.

Plinius der Ältere (23/24–79) erzählt, dass Kleopatra (69–30 v. Chr.) mit Marcus Antonius (83–30 v. Chr.) eine Wette abschloss, indem sie behauptete, dass sie eine Mahlzeit zu sich nehmen könne, die eine Million Sesterzen wert sei. Ihr ungläubiger Geliebter verlangte den Beweis. Die Königin nahm eine riesige Perle aus ihrem Ohrring, löste sie in einem Glas Essig auf und trank es leer. Der immense Wert der Perle wog die Million Sesterzen leicht auf.

Ebenfalls wird über Kleopatra berichtet, dass Marcus Antonius die Küche der Königin besuchte und zu seiner Überraschung bemerkte, dass über allen Feuern gebraten, in allen Töpfen Fisch gegart und Gemüse gekocht wurde und das ganze riesige Küchenpersonal in großer Hektik war – dabei hatte sich die Königin gerade zur Ruhe begeben. Der Küchenchef erklärte dem Römer aber, dass für Kleopatra jede Speise zu jeder Zeit bereit stehen müsse.

Eine Episode aus dem Mittelalter, die man als »verhängnisvolles Magenknurren« betiteln könnte, ereignete sich folgendermaßen: Pfalzgraf Adalbert von Babenbert (854–906) hatte sich gegen Konrad I. (um 881–918) erhoben und ein schlagkräftiges Heer aufgestellt. Der Mainzer Bischof Hatto bot sich als Unterhändler an: Er werde für Verhandlungen zusammen mit dem Pfalzgrafen in die Burg Konrads I. gehen und ihn von dort unbeschadet wieder herausbegleiten. Adalbert stimmte zu.

Die Verhandlungen verliefen positiv, und man erzielte eine mündliche Einigung. Bei der Abreise bot König

Konrad seinem Gegenüber einen Imbiss an. Der Pfalzgraf aber lehnte ab und verließ mit dem Bischof die Burg. Doch schon nach einigen Minuten überlegte Adalbert es sich anders, denn er war hungrig, und er beschloss, das Angebot doch noch anzunehmen. Er lief unbedacht in die Burg zurück. Das vorher gegebene Versprechen, dass er unbeschadet den Verhandlungsort verlassen könnte, war erfüllt worden. Nun aber war er durch keine Abmachung geschützt. Der hungrige Pfalzgraf Adalbert wurde von König Konrad gefangen genommen und hingerichtet.

Einem Gourmet mit Namen Roller wurde 1770 von einem Arzt der Genuss sämtlicher alkoholischer Getränke verboten. Als der Arzt seinen Patienten besuchte, fand er diesen zwar im Bett liegend vor, aber der ganze Tisch stand voller Flaschen und Karaffen mit allerlei verbotenen Getränken. Natürlich ging der Arzt mit Roller hart ins Gericht, dieser aber verteidigte sich: »Als Sie mir verboten, Alkohol zu trinken, haben Sie mir nicht verboten, ihn anzuschauen!«

Der Schriftsteller Irwin Shaw (1913–1984) besuchte einmal ein Gourmet-Restaurant, musste aber sehr lange warten, bis sich ein Kellner bequemte, an den Tisch zu kommen, um seine Bestellung entgegenzunehmen. »Schnecken sind die Spezialität unseres Hauses«, begann der Ober. »Ja, und ihr zieht sie sogar wie Kellner an«, kommentierte Shaw sarkastisch.

Ein Koch fragte einmal seinen Gast, einen bekannten und sehr anspruchsvollen Gourmet, wie ihm sein Essen geschmeckt habe. »Wenn Sie genau hinsehen«, sagte der Gourmet, »können Sie erkennen, wie meine Zunge lächelt.«

Der Komponist John Cage (1912–1992) war nicht nur ein vorausblickender Musikschaffender, sondern auch ein Experte für essbare Pilze. (Außerdem war er scheinbar auch ein Glückspilz, denn er gewann 1959 fünf Millionen Lire in einer italienischen Quizshow). Eine Anekdote berichtet, dass Cage bei seinem Freund Robert Creeley zum Essen eingeladen war. Während Creeley selbstgemachte Nudeln mit Sauce zubereitete, waren Cage einige Pilze aufgefallen, die neben einem Baum in dessen Garten wuchsen. Der Komponist pflückte sie und bestand gegenüber seinem sehr ängstlichen Gastgeber darauf, dass sie Teil des Mahls werden sollten. »Ich wartete den ganzen Abend darauf, dass wir unter Magenkrämpfen sterben würden«, erklärte Creeley, »aber nichts passierte.«

Die Opernsängerin Ernestine Schumann-Heink (1861–1936) aß sehr gerne. Als Enrico Caruso sie einmal zufällig in einem Restaurant traf, saß sie vor einem riesigen Steak. »Das willst du doch nicht ganz alleine essen?«, rief Caruso. »Nein, nein«, sagte die dicke Sängerin, »mit Kartoffeln.«

Der Philosoph Pyrrhon (360–270 v. Chr.) war der wichtigste Vertreter des Skeptizismus. Dieser lehrte, dass nichts gewiss sei. Ob das Feuer heiß ist, ob Bäume existieren, ob Rosen Dornen haben, nichts kann man mit Sicherheit wissen, behauptete der Philosoph. Eines Tages trafen ihn seine Schüler an, als er gerade seinen Koch prügeln wollte, weil dieser ihm ein schlechtes Essen zubereitet hatte. Pyrrhon hatte Recht: Alles ist ungewiss, aber wenn das Essen nicht schmeckt, besteht daran selbst für den größten Philosophen kein Zweifel.

Nicht nur Liebe, sondern auch Politik geht durch den Magen. Die Frau des amerikanischen Präsidenten Franklin D. Roosevelt (1884–1962) liebte Kalbsbries. Mehr als ein Mal setzte sie es ihm vor. Schließlich beklagte sich Roosevelt knurrend: »Schatz, mein Magen revoltiert, und wenn mein Magen revoltiert, trägt das kein bisschen zu einer guten Außenpolitik bei.«

Nicht jeder, der sich für einen Experten für exotisches Essen hält, ist auch einer. Judy Garland (1922–1969) war einmal mit dem Komiker Alan King essen, als ihr ein Gericht auf einem Teller serviert wurde, auf dem etwas Schwarzes lag. King erklärte der irritierten Garland, dass es sich dabei um einen speziellen chinesischen Pilz handele, dessen Seltenheit in China vergleichbar mit Trüffeln bei uns sei. Etwas verdutzt schauten beide aus der Wäsche, als der Pilz sich zu bewegen begann und an der Wand Richtung Decke kletterte.

Georg Friedrich Händel (1685–1759) hatte einen gesegneten Appetit. Eines Tages besuchte der Komponist ein Restaurant und bestellte sich ein Dinner für drei. Als das Essen nach einer längeren Zeit nicht kam, erkundigte Händel sich ungehalten beim Wirt, weshalb es sich verzögerte. Der Wirt stutzte und erklärte, er habe auf den Rest der Abendgesellschaft gewartet. Händel donnerte: »Bringen Sie mir mein Essen, aber prestissimo, ich bin die Abendgesellschaft!« Eine ähnliche Geschichte existiert über den Philosophen Arthur Schopenhauer (1788–1860), der eines Tages im Wirtshaus ein ausladendes Mahl bestellt hatte. Ein Gast, der am Nebentisch saß, rief verwundert aus: »Mein Gott, Sie essen ja für drei.« Schopenhauer darauf gelassen: »Na und, ich denke ja auch für drei.«

Über Georg Friedrich Händel wird auch berichtet, dass er einmal eine Abendgesellschaft gab, die in zäher Konversation dahinplätscherte. Immer wieder durchbrach Händel das Gespräch, indem er ausrief: »Ich habe eine Idee!« Dann rannte er ins benachbarte Zimmer und kehrte nach einer Weile zurück. Natürlich nahmen alle Anwesenden an, dem genialen Musiker sei wieder ein Gedanke für ein neues Musikstück oder eine Arie gekommen. Dies wiederholte sich einige Male, bis einer der Gäste es wagte, ins andere Zimmer zu schauen, nur um dort Händel mit einem Weinglas in der Hand zu sehen, der genüsslich von einem Stück Kuchen abbiss.

Clarence Birdseye (1886–1956) war der Erfinder der Tiefkühlkost. Im März 1930 brachte er im amerikanischen Bundesstaat Massachusetts das erste tiefgefrorene Gemüse auf den Markt (in Deutschland erst seit 1957), das allerdings bei der Kundschaft, die frische Ware bevorzugte, auf Skepsis stieß.

Birdseye war Biologe und Weltreisender und hatte diese Idee, als er bei den Eskimos in Alaska gelebt hatte, um den dortigen Fischbestand zu erforschen. Die Eskimos froren gefangene Fische bei starken Minustemperaturen ein, wodurch sie haltbar wurden. Aber nicht nur deswegen war Birdseye bemerkenswert. Als Biologe war er weit gereist. Er aß dabei aus Neugier eine Unzahl von ungewöhnlichen Tieren wie Amseln, Luchse, Delfine, Sperlinge und Eidechsen. »Ich habe alles gegessen«, erklärte Birdseye, »Biberschwänze, Eisbären und Löwenlendchen, und wenn ich Ihnen etwas sagen darf, die vordere Hälfte eines Stinktieres ist exzellent.«

Legt man ein »normales« Essverhalten zugrunde, dann nimmt jeder Mensch jährlich ungefähr 500 kg Nahrung zu sich. Auf eine mittlere Lebenserwartung gerechnet und die kleineren Mahlzeiten während der Kindheit mit berücksichtigt, ergibt das nach 70 Jahren etwa 33 Tonnen Essen, was dem Gewicht von sechs Elefanten entspricht.

»Ihr lieben, goldigen Menschen«, begrüßte der erste deutsche Fernsehkoch Clemens Wilmenrod (1906–1967) seine Zuschauer am 20. Februar 1953 – nur acht Wochen nach Start des deutschen Fernsehens. Wilmenrod war zwar kein Koch, sondern Schauspieler, doch seine Sendung füllte die deutsche Nachkriegsküche mit preisgünstiger Exotik. Er erfand das »arabische Reiterfleisch« (eigentlich nur eine Bulette), den »venezianischen Weihnachtsschmaus« (im Grunde ein paniertes Schnitzel) und mit Frischkäse gefüllte Erdbeeren. Seine genialste Idee ist aber der auch heute noch gern gegessene Hawaii-Toast (Ananas-Schinken-Käse).

In Gioacchino Rossinis (1792–1868) Oper *Tancredi* gibt es eine Arie, *Di Tanti Palpiti*. Diese war die beliebteste Arie ihrer Zeit und wurde von den Leuten scherzhaft »Reisarie« genannt, weil sie Rossini komponiert hatte, während er auf sein Risotto wartete. Rossini soll übrigens nur dreimal in seinem Leben geweint haben, das erste Mal, als seine Erstlingsoper durchfiel, das zweite Mal, als er Paganini Geige spielen hörte, und das dritte Mal bei einer Bootsfahrt, als versehentlich sein mit Trüffeln gefüllter Truthahn über Bord fiel.

Georges Bizet (1838–1875) nahm 1857 als Neunzehnjähriger an einem von Jacques Offenbach ausgeschriebenen Wettbewerb teil und schrieb die Oper *Le docteur miracle*, mit der er den Preis gewann. In diesem Werk wird dem jungen Offizier Sylvio die Hand der schönen Lauretta von den Eltern verweigert. Er verkleidet sich als Koch und wird von der ahnungslosen Familie eingestellt. Als erste »Leckerei« bereitet er ein Omelett mit allerlei Scheußlichkeiten zu. Währenddessen singt er, was später in die Musikgeschichte als *Omelett-Arie* einging. Den Eltern wird sofort nach Genuss des Omeletts schlecht, und sie fürchten, vergiftet worden zu sein. Rasch holen sie einen Arzt herbei, der aber niemand anderer als Sylvio in neuer Verkleidung ist. Dieser verspricht (da er weiß, dass das Omelett nichts Giftiges, sondern nur Übelschmeckendes enthält) eine wunderbare Rettung ihres Lebens, unter der Voraussetzung, dass ein gewisser junger Offizier ihre Tochter zur Frau erhält.

Marlon Brando (1924–2004) wurde in seinen späteren Jahren so dick, dass er – nach seiner berühmtesten Rolle – den Spitznamen »Der Pate aller Bäuche« (»Godfather of bellies«) erhielt. Er konnte ohne Probleme zwei Hühner, einen halben Käsekuchen und eine große Packung Eis auf einen Schlag essen.

Die antike Stadt Sybaris wurde im Jahre 720 v. Chr. gegründet und 510 v. Chr. zerstört. Die Erinnerung an die immens prächtige, von Gütern und Gold überhäufte Stadt blieb lange in den Köpfen der Griechen als ein antikes Schlaraffenland. Zahlreich sind die Berichte, in denen es heißt, dort hätte es an allen Ecken und Plätzen der Stadt Purpurschnecken, Krabben, Hummer, Austern und Schwertmuscheln in raffinierten Saucen im Überfluss gegeben. Neue Rezepte wurden erfunden und sogar urheberrechtlich geschützt; der antike Historiker

Strabo berichtet: »Wenn ein Koch ein neues Essen erfand, dann hatte nur er ein ganzes Jahr lang die Erlaub-
nis, es zuzubereiten. Wenn aber ein anderer Koch diese
Mahlzeit kopierte, so bekam er eine ordentliche Geld-
strafe.«

Gäste und Restaurant

Nach einem guten Essen kann man allen Menschen verzeihen, selbst den eigenen Verwandten.

Oscar Wilde

Der römische Feldherr Lucius Lucullus (118–56 v. Chr.), Namensgeber des lukullischen Mahls, war Gourmet und nicht wie sein Ruf vermuten lässt, ein ungezügelter Prasser: »Essen kann jeder, ich aber verstehe es«, war sein Motto. Als er an einem Abend keine Gäste geladen hatte, um gemeinsam zu speisen, fragte der Diener nach, ob er denn ein einfacheres Mahl wünsche. »Natürlich habe ich einen Gast«, polterte der Gourmet, »Lucullus isst heute Abend mit Lucullus.«

Winston Churchill (1874–1965), der in Amerika zu einem Dinner eingeladen war und mit Appetit Hühnchen aß, bat die Gastgeberin um ein weiteres Stück: »Könnte ich noch etwas von der Brust haben?«, fragte Churchill, nur um dann von der Dame des Hauses belehrt zu werden: »Bei uns sagt man weißes Fleisch.« – Beim Abschied überreichte Churchill ihr eine im Garten gepflückte Orchidee: »Es würde mir Freude machen, wenn Sie diese Blume an Ihr weißes Fleisch stecken könnten.«

Der deutsche Komponist Max Reger (1873–1916) war für seinen großen Appetit bekannt, der wahrscheinlich zu seinem frühen Tod beitrug. So ging er einmal in ein Restaurant und bestellte sich »Steaks für zwei Stunden«.

Bis ins 16. Jahrhundert gab es Gasthäuser, in denen ein Reisender übernachten und etwas essen konnte. Meist gab es nur ein einziges Tagesessen; jedem Gast wurde also das Gleiche serviert. Das moderne Restaurant, in das man sich gemütlich setzen kann, eine Speisekarte bekommt und von einem Kellner bedient wird, ist aber erst im 18. Jahrhundert in Paris entstanden. Immerhin kam bereits im 16. Jahrhundert der Name »Restaurant« auf, als ein gewisser Dr. Pallissy einen bouillonartigen Stärkungstrank unter diesem Namen verkaufte (von französisch *restaurer* ›sich stärken, wieder zu Kräften kommen‹). Auf dieselbe Weise benutzte der Pariser Suppenverkäufer Boulanger viel später das Wort. Er hatte eine Schafsfuß-Suppe im Angebot, die er neben anderen Suppen mit der Bezeichnung »restaurant« (»kräftigend«) anpries. In seinem kleinen, aber mit Marmortischen versehenen Gasthaus konnte man aus einer Karte eine begrenzte Anzahl einfacher Speisen wählen. Mit dieser Geschäftsidee hatte Boulanger in den Jahren 1762–65 außerordentlichen Erfolg. Eine Zeit lang verstand man unter »Restaurant« reine Suppenküchen, die à la carte verschiedene Suppen anboten. Ein Almanach aus dem Jahre 1777 bemerkt noch abfällig: »Es gibt jetzt überall diese neuartigen Einrichtungen, die sich Restaurants oder Gesundheitshäuser nennen.« Erst als im Zuge der Französischen Revolution viele Köche reicher Adliger arbeitslos wurden und eine neue Existenzgrundlage in der nacharistokratischen Gesellschaft suchten, wurden die ersten Luxusrestaurants in Paris eröffnet, die vorzügliche Küche anboten. 1804 hatte Paris schon 500 Restaurants vorzuweisen. Einige dieser Köche emigrierten nach London. »Rules« – das älteste englische Restaurant – eröffnete 1798.

Den Sinn von Suppen als Vorspeise erklärte einer der größten Köche, Antoine Beauvilliers (1754–1817), in seinem Buch *L'art de cuisine* (1814): »Wenn man ein Menü kocht, muss man am Anfang eine Suppe machen, damit die Sauce und das Fleisch der Hauptspeise nicht so hart wirken.« Beauvilliers führte übrigens in seinem Restaurant als Erster ein, dass jeder Gast einen separaten Tisch bekam und nicht alle an größeren Gemeinschaftstischen speisten.

In den englischen Kaffeehäusern des 18. Jahrhunderts fand der Gast kleine Zinnschalen, in denen er ein Trinkgeld lassen konnte. Auf der Schale fand sich oft die Abkürzung »TIPS«, was für »To ensure prompt service« stand. Daraus leitet sich das englische Wort für Trinkgeld *tip* her.

Nachdem Paul Bocuse (geb. 1926) als Koch Berühmtheit erlangt hatte, blieb ihm wegen des Termindrucks kaum noch Zeit, in seinem Restaurant selbst zu kochen. Wer denn koche, wenn er nicht da sei, wurde er gefragt. »Derselbe, der kocht, wenn ich da bin«, antwortete er schmunzelnd.

Im Mittelalter bedeutete »Gang« einfach den Weg des Personals von der Küche zum Tisch und nicht, was gebracht wurde. Das heißt, die Diener servierten durchaus mehrere Speisen gleichzeitig bei einem Gang.

Im Mittelalter saß man beim Essen in Gesellschaft in Hufeisenform. So konnte jeder der Gäste die anderen sehen, im Innenraum des Hufeisens aber war Platz, damit die Diener servieren konnten. Zu Zeiten des Sonnenkönigs Ludwig XIV. wurden Konversationstechniken gepflegt und gute Gespräche als die eigentliche Würze einer Tafel angesehen. So also kam es, dass sich zum ersten Mal Gesprächspartner direkt gegenüber saßen, um angenehm plaudern zu können und eine gewisse Intimität zu genießen. Diener und Kellner konnten seit dieser Zeit nur noch von der Seite das Essen servieren. Damit die Gäste nicht ständig mit den im Idealfall unsichtbar agierenden Dienern zusammenstießen, führte man ein, dass nur von rechts serviert werden dürfe.

Pablo Picasso (1881–1973) aß gern in guten Restaurants. Um sich die Wartezeit, bis man ihm das Essen servierte, zu verkürzen, malte er gern auf den Servietten herum. Eines Tages bot ihm ein Restaurantbesitzer an, die Rechnung zu vergessen, wenn er ihm die Serviette überlassen würde. Picasso willigte ein. Nach der Mahlzeit kam der Restaurantbesitzer noch einmal an seinen Tisch, mit der Bitte, die Serviette zu signieren. Picasso rief empört: »Mein Herr, ich wollte nur die Rechnung bezahlen, nicht das ganze Restaurant kaufen!«

Der Italiener Ezio Pinza (1892–1957) war zuerst ein gefeierter Opernstar, doch als sein Stimmvolumen im Alter abnahm, konnte er nur noch in Musicals arbeiten. Eines Tages wurde er in einem teuren Restaurant angetroffen, als er sich ein 12-Gänge-Menü bestellte. Darauf angesprochen, sagte er: »Ich mag zwar Musical singen, aber mein Essen ist immer noch ganz große Oper!«

Der Vertreter für Milchshake-Maschinen Ray Croc (1902–1984) traf bei einer seiner Reisen Mac und Dick MacDonald, die einen gut gehenden Hamburgerstand in Kalifornien betrieben. Von diesen kaufte er 1955 den Namen und baute darauf den Konzern McDonald's auf.

Nach einer nicht ganz gesicherten Geschichte entstanden Bistros, als russische Soldaten Paris im Jahre 1814 – nach den napoleonischen Befreiungskriegen (1812/13) – besetzt hatten. Kleine Lokalitäten boten den hungrigen Kosaken für wenig Geld eine schnelle Mahlzeit an. Da es den Russen mit dem Service nicht schnell genug gehen konnte, riefen sie immer »bistro, bistro« (russisch für ›schnell, schnell‹).

Esszeiten

Die Speisen haben vermutlich einen sehr großen Einfluss auf den Zustand der Menschen, wie er jetzo ist. Der Wein äußert seinen Einfluss mehr sichtbar, die Speisen tun es langsamer, aber vielleicht ebenso gewiss; wer weiß, ob wir nicht einer gut gekochten Suppe die Luftpumpe und einer schlechten den Krieg zu verdanken haben.

Georg Christoph Lichtenberg

Jean de Leary bereiste 1557 das, was damals »antarktisches Frankreich« hieß, worunter heute Brasilien verstanden wird. Im Kontakt mit den Eingeborenen fiel ihm auf, dass sie niemals etwas zum Essen tranken und beim Trinken nie aßen. Er sprach einen Indianer darauf an, dass er dies seltsam fände und in Europa es völlig anders sei. Der Indianer schüttelte empört den Kopf: »Was, ihr trinkt beim Essen? Ihr seid ja wie Tiere!«

Theoretisch nahmen die Römer drei Mahlzeiten am Tag zu sich. Aber das Frühstück und das Mittagessen bestanden nur aus Früchten und Brot, die zusammen mit Wein verzehrt wurden. Die Funktion dieser beiden Mahlzeiten war, genügend Kräfte für die Tagesarbeit zu bekommen. Erst das Nachtmahl war ausladend, umfasste mehrere Gänge und wurde bei den Wohlhabenden durch Tanzvorführungen sowie Musik begleitet. Der Sinn des Abendessens bestand darin, nicht »Energie zu tanken«, sondern sich von der Mühsal des Tages zu erholen und die völlige Entspannung von Körper und Geist zu suchen. Deswegen bevorzugten es die Römer, dabei in halb aufrechter Position zu liegen, anstatt zu sitzen.

Auch im beginnenden Mittelalter waren drei Mahlzeiten am Tag nahezu unbekannt. Von der ländlichen Bevölkerung beispielsweise wurden lediglich zwei Mahlzeiten eingenommen. Ein ausgiebigeres Mittagessen und ein schlichteres, meistens aus einer Suppe (vgl. englisch *supper*) bestehendes Abendessen. Die Essenszeiten der beiden Mahlzeiten waren 9.00 Uhr für das »Mittagessen« und 17.00 Uhr für das Abendessen. Dabei gilt es zu berücksichtigen, dass gemäß den mittelalterlichen Gesundheitsvorschriften und zur Nutzung des Tageslichts die Leute um 5.00 Uhr aufstanden und um 21.00 Uhr zu Bett gingen. Niemandem schien es zunächst sinnvoll zu sein, direkt nach dem Aufstehen Essen zu sich zu nehmen. Trotzdem lässt sich beobachten, dass im Verlaufe des Mittelalters die Gewohnheit zu frühstücken entsteht, auch wenn es zu Anfang lediglich ein Stück Brot war. Wie kam es dazu, dass plötzlich doch gefrühstückt wurde? Die mittelalterliche Küche erlebte im Laufe der Zeit Fortschritte: Die Rezepte wurden komplizierter, die Ansprüche an das Essen höher, das Essen zuzubereiten dauerte länger. So verzögerte sich oft das Mittagessen. Die Essenszeit wurde von 11.00 Uhr auf 12.00 Uhr und dann auf 13.00 Uhr geschoben, wodurch das Abendessen erst gegen 19.00 Uhr eingenommen wurde. So war die Zeit zwischen dem Aufstehen und der ersten

Mahlzeit für die meist körperlich arbeitenden Menschen doch recht lang, und sie nahmen einen Bissen Brot sowie verdünnten Wein zu sich, bevor sie sich in ihre Werkstätten und auf die Felder begaben.

Das englische Wort *breakfast* hat nicht etwa seinen Ursprung darin, dass man schnell (*fast*) aufbricht (*break*), sondern *fast* leitet sich vom Wort »Fasten« her. Nach einer Periode des Fastens oder des Nicht-Essens – in diesem Fall des Schlafens – bricht (*break*) man es, um zu frühstücken. Das Wort »Fasten« wiederum kommt von »fest«, im Sinne von »sich fest an die kirchlichen Gebote halten«.

Die Gewohnheit, in der Mitte des Tages die Hauptmahlzeit festzulegen und nicht am Abend, verschwand im ausgehenden Mittelalter und kam erst im 19. Jahrhundert wieder auf. Bis zum Beginn der industriellen Revolution wurde das Mittagessen als »Frauenmahlzeit« bezeichnet, weil es nur den nicht arbeitenden Frauen möglich war, es einzunehmen. Gäste zu diesem Essen kamen als zufällige Besucher, die dann aufgefordert wurden, daran teilzunehmen. Niemals gab es formelle Einladungen dazu. Das Mittagessen, so wie wir es heute kennen, entstand im Umkreis der Mittagspausen der Fabrikarbeiter, deren körperlich anstrengende Tätigkeit nach einer größeren Mahlzeit verlangte.

Essutensilien

»Iss deine Suppe. Sitz gerade. Iss nicht so schnell.
Schneide das Fleisch in kleine Stücke. Spiel nicht mit
dem Messer. So hält man die Gabel nicht. Bei Tisch
wird nicht gesungen. Iss deinen Teller leer. Wackel
nicht mit dem Stuhl. Iss dein Brot auf. Sprich nicht mit
vollem Mund. Lass die Ellenbogen vom Tisch. Räum
die Serviette auf. Mach keine Geräusche beim Essen.
Du darfst erst aufstehen, wenn alle fertig sind. Wisch
dir den Mund ab, bevor du mir einen Kuss gibst.«
Diese kleine Liste ruft Erinnerungen aus der Kindheit
wach … Erst viel später begreift man, dass eine
Mahlzeit ein richtiges Meisterwerk sein kann.

Jean Cocteau

Die Vornehmen der antiken Griechen aßen im Liegen,
während sie sich mit einem Arm aufstützten (das galt
nur für Männer, Frauen saßen auf Stühlen). Das hatte
gewisse Konsequenzen für die Darreichung von Speisen: Das ganze Essen musste so serviert werden, dass es
mit einer Hand gegessen werden konnte. Zwar gab es
Messer, aber weder Löffel noch Gabeln. Handliche
Brotstücke dienten oft als Schaufel, die das Essen vom
Teller in den Mund beförderte.

Unsere heutige, landestypische Kochkultur wurde stark
von den Verhältnissen im Mittelalter geprägt. In den
nördlichen Ländern gab es viel Holz, und das Essen

wurde auf offenen Feuern oft stundenlang gebraten. Da nur wenige Handelsleute mit verderblichen Waren bis dorthin vordrangen, verwendete man hauptsächlich regionale Zutaten. Neue Kochideen, aber auch neue Kochutensilien wie der im Süden benutzte Bratspieß und die Kasserolle setzten sich nur langsam durch.

Anders dagegen war es in den südlichen Ländern, zu denen Handelsschiffe aus der ganzen Welt leicht kommen konnten. Italienisches Essen war seit dem Mittelalter offen für alle möglichen exotischen Zutaten und vor allen Dingen neue Ideen. Im baumarmen Süden von Italien kochte man in Holzkohleöfen Gerichte, die schnell gar waren wie das Saltimbocca (wörtlich: ›Spring in den Mund‹), das nur wenige Minuten braucht, bis es servierfertig ist.

Eine der wichtigsten mittelalterlichen Küchenhilfen war der Mörser. Mit ihm wurden sämtliche festen Zutaten wie Fleisch oder gekochtes Gemüse zu einer Paste zerrieben. Die Zugabe von Eiern machte sie noch cremiger. Vermutlich setzte man den Mörser so konsequent ein, weil die Zähne der Leute damals nicht immer die besten waren. Ein zu jener Zeit beliebtes Produkt des Mörsers wurde damals wie heute noch gern gegessen: die Wurst. Erst der Küchenmeister Martino da Como verbreitete 1475 die Idee, das Essen nicht mehr als weiche Paste, sondern in klein geschnittenen Stücken anzurichten.

Erst im späten Mittelalter setzte sich der Gebrauch von Tellern, Schüsseln und Besteck aus Zinn durch. Davor bestand das Tischgeschirr im Wesentlichen aus Holz.

Statt Tellern benutzte man ein Brettchen, auf das man sich aus einer gemeinsamen Schüssel beispielsweise ein Stück Fleisch geholt hatte.

In Europa hatten sich die technischen Möglichkeiten für die Zinngewinnung erst im ausgehenden Mittelalter deutlich verbessert, so dass das Metall im 16. Jahrhundert halbwegs erschwinglich wurde. Der Zinnteller ersetzte das Holzbrettchen als Unterlage. Trotzdem besaßen die meisten, weniger begüterten Leute nur ein Geschirr, das sie wegen des nicht geringen Wertes des Metalls vererbten (weswegen Sterbende sprichwörtlich ihren Löffel abgeben). Erst im 18. Jahrhundert setzte sich dann Porzellan durch und verdrängte Zinn komplett. Dass Teller übrigens rund sind, etablierte sich erst im 17. Jahrhundert, denn davor waren alle möglichen Formen verbreitet.

Die Gabel ist das jüngste Essbesteck und kam erst im Mittelalter in Gebrauch. Aber zuerst wurde damit nicht Fleisch beim Schneiden gehalten, sondern man spießte Konfekt und klebrige Früchte auf, um sich nicht die Hände zu beschmutzen.

Über Byzanz, wo sie schon ab dem 10. Jahrhundert in Gebrauch war, kam sie nach Italien. Die byzantinische Gattin des Dogen Domenico hatte im 11. Jahrhundert als Erste eine Gabel benutzt. Der Kardinal von Ostia, Peter Damian (um 1007–1072), der anwesend war, soll sich aufs Äußerste echauffiert haben: »Das neuartige Essbesteck verstößt gegen die gottgewollte Ordnung«, fuhr jener die Frau an, »Gott hat uns eine natürliche Gabel gegeben … die Hand!« Als die Dame dann früh verstarb, schrieb der Kardinal: »Ihr Körper ist an ihren unnatürlichen Genüssen verrottet.« Zu Zeiten Ludwigs IX. (1214–1270) versuchte die Kirche sogar, das »unheilige Ding« endgültig verbieten zu lassen. Auch Martin Luther (1483–1546) ereiferte sich gegen die »unsittliche Gabel«, die damals noch zwei Zacken statt drei hatte. »In Italien habe ich die Sitte beobachtet, das Essen mit einer kleinen Gabel zu sich zu nehmen, […] ja sie ermahnen dich oder heben zumindest die Augenbraue, wenn du dein Essen mit den Fingern anfassen willst«, schrieb der Engländer Thomas Coryate (um 1577–1617) 1608 verwundert. In England galt sie zunächst als »weibisch« und »affektiert«.

Marie-Antoinette (1755–1793) führte die Etikettenregel ein, dass lediglich die jeweils ranghöchste anwesende Dame ihr die Gabel reichen durfte. Einmal wäre es ihr deswegen beinahe nicht gelungen, einen Kuchen zu essen, da just in dem Moment, als sie mit der Gabel ein Stück zum Mund führen wollte, eine ranghöhere Dame eintrat. Marie-Antoinette musste gemäß ihrer eigenen Regel die Gabel wieder ablegen und warten, bis sie ihr wieder von der standesgemäß höheren Dame gereicht wurde.

1887 stellte Mary Sherwood in ihrem Buch über gutes Benehmen fest: »So sehr ist die Gabel in letzter Zeit in Mode gekommen, dass man feststellen muss, dass alles außer Tee mit der Gabel zu sich genommen wird. Selbst zum dickflüssigen Kakao reicht man eine Gabel, die man mindestens für die geschlagene Sahne darauf benutzen kann.« Schon der *Frauenführer zur perfekten Höflichkeit* von 1857 weist die angehenden Damen zurecht, dass sie zum einen auch dann kein Brot mit der Hand zu nehmen hätten, wenn es in Reichweite steht (sondern den Diener das Brot reichen lassen sollen), und zum anderen, dass es sich für Damen nicht schickt, die Suppe mit der Gabel zu essen.

»Ich kann gar nicht verstehen, dass mein Messer so schlecht ist, wo es doch schon meine Großmutter benutzt hat« (Klage einer modernen Köchin). – Das Messer ist sicherlich zusammen mit dem Löffel eines der ältesten Essutensilien. Ein Messer bei sich zu tragen, war in mittelalterlichen Zeiten und davor nicht nur kulinarisch wichtig, sondern es diente durchaus auch zur Verteidigung in unruhigen Zeiten. Bevor sich der Gebrauch der Gabel etablierte, diente das Messer u. a. dazu, Fleischstücke aufzuspießen. Die Messer waren zu diesem Zweck vorne gefährlich spitz. Nachdem sich die Gabel durchzusetzen begann, verbot Ludwig XIV. im Jahre 1669 den Gebrauch solcher Messer, die zuvor unter dem Vorwand, Essbesteck zu sein, zu jeder Gelegenheit mitgebracht werden durften.

Vieles lässt vermuten, dass die Funktion der seit der Reformation beliebten Tischdecke ursprünglich keine andere war als die, eine große Serviette zu sein, an der man sich nach dem Mahl Mund und Finger abwischte.

Beobachtet man Amerikaner beim Essen, fällt auf, dass sie ihr Fleisch mit dem Messer, das sie in der rechten Hand halten, zerschneiden, dieses dann weglegen, um mit der Gabel – wiederum in der rechten Hand – das zerkleinerte Fleisch zu essen. Der umständliche Besteckwechsel könnte darin seinen historischen Grund haben, dass zu Pionier- und Cowboy-Zeiten Essutensilien knapp waren. Saßen einige Männer zusammen, reichten sie das oft einzige vorhandene Messer im Kreis herum. Solange also jemand das Messer hatte, arbeitete er damit schon mal auf seinem Teller vor.

Fasten und Diät

*Man begegne Menschen mit einem leeren Magen
mit Misstrauen; wer fastet, gebärt alsbald Unsinn.
Keiner kann die Vorteile eines gesättigten Menschen
leugnen. Leerer Magen, leeres Hirn. Unsere Rede,
wie unabhängig sie auch denkt zu sein, respektiert die
Gesetze der Verdauung. Mit demselben Recht, mit
dem La Rochefoucauld behauptete, das Herz brächte
die guten Gedanken hervor, kann gesagt werden, dass
diese aus dem Magen kämen ...*

Honoré de Balzac

Das Fasten, also das freiwillige Verzichten auf Nahrung,
ist in fast allen Kulturen verbreitet. Es hat vermutlich
seinen Ursprung in einer Zeit, in der die Welt voll böser
Geister war, die sich in den Speisen einnisteten. Durch
Nahrungsverzicht glaubte man, die verderblichen Kräfte fernzuhalten oder auszutreiben. Im alten Griechenland fastete man nach dem Tod eines Angehörigen. Dabei verzichtete man entweder ganz auf Nahrung oder
zumindest auf solche, die möglicherweise dämonische
Kräfte enthielt, wie Fleisch oder Eier. Der Philosoph
Pythagoras (570–510 v. Chr.) glaubte, dass in Bohnen
ein der Seele schädlicher Zauber enthalten sei. Er ließ
sich lieber von Mördern erschlagen, die ihm aufgelauert
hatten, als in ein Bohnenfeld zu gehen. Gegen Sterilität
der Frauen verordneten antike Ärzte ein strenges Fasten. Ebenso galt für Priester das Fastengebot. Aus den
aus der Magie begründeten Vorschriften wurden all-

mählich unter den Händen der Ärzte Gesundheitsregeln. Hippokrates verordnete bei einer Reihe von Krankheiten eine eiserne Diät, bei der lediglich das Trinken von Honigwasser erlaubt war.

Die erste Person, von der wir wissen, dass sie gezielt eine Diät machte, um Gewicht zu verlieren, war der englische König Wilhelm der Eroberer (1028–1087). Von ihm wird berichtet, dass er eines Tages feststellen musste, dass er zu fett für sein Pferd war. Der König aß ein Jahr bewusst mäßig, um Gewicht zu verlieren, damit er wieder reiten konnte.

Der englische Dichter Lord Byron (1788–1824) kämpfte sein Leben lang gegen Übergewicht. An manchen Tagen aß er nur einen Keks, an anderen wiederum ließ er sich zu ungehemmten Schlemmereien hinreißen. Immerhin gelang es ihm schließlich, von 100 kg auf 65 kg abzuspecken, indem er sein Essen in Essig tunkte, um so seinen Appetit zu zügeln.

Viele Handwerksbetriebe blieben bis vor 150 Jahren an Montagen geschlossen. Eine Tradition, die sich während des Mittelalters etabliert hatte. Begonnen hatte die Sitte mit den arbeitsfreien Montagen der Fastenzeit, an denen die Kirchen mit blauen Tüchern geschmückt wurden. Schnell wurde dieser Brauch, zumindest der montägliche freie Tag, aufs ganze Jahr ausgedehnt. Die Handwerker verstanden es zu feiern und an dem freien Tag wurde ordentlich gebechert. Auch heute noch bezeichnet man jemanden, der zu viel getrunken hat – nach den blauen Tüchern – als »blau« und jemand, der der Arbeit fernbleibt, macht »blau«. Die Sitte, montags nicht geöffnet zu haben, hat sich bis heute bei vielen Restaurants gehalten.

Ursprünglich nannte man es »Apfeldiätspeise«, bevor es unter dem Namen Müsli, einer Verkleinerungsform des Wortes »Mus«, zum beliebten Frühstück wurde. Zum ersten Mal zusammengestellt wurde das Müsli als Alternative zum Fleisch vom Leiter des Züricher Sanatoriums »Lebendige Kraft«, Maximilian Oskar Bircher-Benner (1867–1939). Ihm selbst wurde das Rezept angeblich bei einer Bergwanderung von einer Sennerin verraten. Der Arzt erklärte, dass sein Müsli höchst gesund sei und alle Ernährungsqualitäten der Muttermilch aufweise.

Speisen

Meine Mutter hat uns Kindern dreißig Jahre lang nichts anderes als Reste vorgesetzt. Das Erstaunliche ist, dass das Original-Essen nie aufgefunden wurde.

Calvin Trillin

Brot

Dass Brot eine bedeutende Rolle für die Ernährung der Bevölkerung in alten Zeiten gespielt hat, steht außer Frage. Man kann das in Englisch am Wort für »Gott« oder »Herr« ablesen: »Lord«. Dies ist eine Zusammenziehung aus dem altenglischen Wort *hlaford*, aus den Bestandteilen *hlaf* (›Brot‹; vergleiche ›Laib‹) und *weard* (›Wächter‹), also *Lord* ›Wächter des Brotes‹. »Lady« leitet sich von *hlaefdige* (›Brotkneterin‹) ab.

»Panem et circenses« – Brot und Spiele, so wurde nach Meinung des Schriftstellers Juvenal das Volk ruhig gehalten. Die Römer nahmen dies durchaus ernst: Zwischen 10000 und 30000 der ärmsten Bürger konnten nach 123 v. Chr., nachdem das »lex frumentaria« erlassen wurde, täglich im Namen der Weizengöttin Annona Weizen weit unter Marktpreisen erstehen.

Der Genuss des dunklen, aus Roggen hergestellten Brotes endete für viele ärmere Leute im Mittelalter tödlich, da sie am sogenannten »Antoniusfeuer« erkrankten. Da Roggen knapp vor der Ernte empfänglich für eine giftige Pilzsorte ist, das Mutterkorn (so genannt, weil später damit Abtreibungen bewirkt wurden), war der Genuss von Brot aus jungem Roggenmehl äußerst gefährlich. Erst nach drei Monaten Lagerung konnte das Roggenmehl unbedenklich gegessen werden. Dunkles Brot verzehrten vornehmlich die armen Leute, und besonders nach Hungersnöten wurde der neu wachsende Roggen rasch zu Brot verarbeitet. Da man das Antoniusfeuer für eine von Gott geschickte Krankheit hielt, begriff man lange die Ursachen dafür nicht.

Das Sandwich wurde nach John Montagu Earl of Sandwich (1718–1792) benannt. Dieser spielte sehr gerne Karten. Da er sein Spiel für eine Mahlzeit nicht unterbrechen wollte, wurde ihm ein Sandwich serviert, das er mit einer Hand essen konnte, während er mit der anderen die Karten hielt. Sein treuer Butler gilt als der Erfinder eben dieses Sandwichs. Der Dichter Friedrich Hölderlin (1770–1843) bemerkte über den Earl of Sandwich: »Er hat die Menschheit vom warmen Mittagessen erlöst. Wir schulden ihm tiefen Dank.«

Richard A. Canfield (1855–1914) war professioneller Spieler. Er erfand Solitaire für Casinos. Bei diesem Spiel erwirbt der Spieler am Anfang ein Kartenspiel käuflich, und durch jede Karte, die er ablegt, gewinnt er etwas Geld zurück. Die Idee war neu und hatte Erfolg. Canfield gründete 1890 in Saratoga Springs ein eigenes Casino, den Saratoga Club, der ihn reich machte. In den Küchen dort entstand nach der Legende das erste Club-Sandwich, das man ohne große Mühe während des Glücksspiels essen konnte.

Es gibt eine Geschichte, dass Croissants während der türkischen Belagerung von Wien 1683 erfunden wurden. Die Türken gruben heimlich des Nachts unterirdische Tunnel, um in die Stadt zu gelangen. Die Bäcker der Stadt aber, die in den frühen Morgenstunden schon arbeiteten, hörten den Lärm und schlugen Alarm. So konnte der Angriff abgewehrt werden. Den Bäckern wurde zu Ehren ihrer Tat erlaubt, ein Brot in Halbmondform zu backen, um an dieses Ereignis zu erinnern.

In späteren Jahren nahm Elvis Presley (1935–1977) erheblich an Gewicht zu. Er ist vielleicht der einzige Künstler, dessen Schaffensepochen Fans nach seinem Leibesumfang einteilen: der schlanke Elvis und der späte, fette Elvis. Grund für seine Gewichtszunahme war – neben Tablettenmissbrauch – der ungebremste Konsum von Erdnussbutter-Toasts.

Hier das Rezept für Erdnuss-Sandwich à la Elvis: Man nehme zwei Scheiben Toast, bestreiche die eine davon dick mit Erdnussbutter, die andere mit zerdrückter Banane. Füge beide Hälften zusammen und brate sie beidseitig in Fett aus Schinkenspeck an. Dazu reiche man ein kaltes Glas Buttermilch. (Nach Gusto verfeinerte das Musik-Idol das Rezept noch mit Erdbeermarmelade.)

Eine nicht zu unterschätzende Rolle spielten in frühen Zeiten Esskastanien für die Ernährung ärmerer Leute. Schon Hildegard von Bingen (1098–1179) empfahl die Kost der Kastanie: »Wem das Gehirn durch Trockenheit leer ist, und der daher im Kopf schwach ist, soll Kastanien essen und sein Gehirn wächst und wird wieder gefüllt, und seine Nerven werden stark.«

Die Kastanien wurden nicht nur geröstet gegessen, sondern auch zu Mehl verarbeitet, aus dem Brot gebacken wurde. Ganze Landstriche ernährten sich aus Ermangelung an Getreide davon. Auf einer Liste von mitgeführtem Proviant auf einem spanischen Heereszug von 1580 ist zum Beispiel zu entdecken, dass 97 Tonnen Brot, 33 500 Liter Wein und neben 19 Tonnen Keksen noch 240 Tonnen Kastanien mitgeführt wurden.

Weißbrot galt lange als Statussymbol, während dunkleres Brot verachtet wurde. Dies hat eine lange Vorgeschichte, die schon bei den Griechen begann, die bemerkten, dass das aus Weizen gemachte helle Brot mehr Feldarbeit bedeutete, während das aus Roggen und Gerste gebackene dunkle Brot etwas billiger herzustellen war.

Im Mittelalter gab es in vielen Gebieten zwei getrennte Bäckerzünfte, eine für weißes und eine für dunkles Brot. Man konnte lange Zeit seine gesellschaftliche Position an der Helligkeit des Brotes ablesen, das man aß. Deshalb half man da gern etwas nach und »weißte« das Brot mit künstlichen Zusätzen. Das bedeutete in der Praxis, dass die Bäcker unter anderem Chlor und Kaliumsalz ins Brot mischten, um es aufzuhellen. Beide Zusätze in größeren Mengen genossen waren giftig. Zudem ersetzten einige betrügerische Bäcker in gesüßtem Brot Rosinen mit toten Fliegen, die weitaus »preisgünstiger« zu haben waren.

Der Prediger Sylvester Graham (1794–1851) kritisierte das Verfahren, das Brot zu chlorieren, und erfand das zusatzfreie Grahambrot. Allerdings schoss er bei der Werbung für sein Brot über das Ziel hinaus: Sein alleiniger Verzehr könne das Leben verlängern, den Alkoholismus bekämpfen und sexuelles Begehren unterdrücken. Graham schwang sich an die Spitze einer Bewegung für vegetarische Lebensweise, nur um sich heftigen Widerständen ausgesetzt zu sehen. Als er 1837 in Boston in der Stadthalle eine Rede halten wollte, wurde er von einem Metzgermob daran gehindert. Heimlich verlegte Graham seinen Auftritt in ein Hotel, das in einem anderen Stadtteil war. Unglücklicherweise bekamen die Metzger Wind davon. Die Bäcker, die sich von Graham auch kritisiert fühlten, schlossen sich an, und gemeinsam zogen sie vor das Hotel. Die Vegetarier verbarrikadierten sich im Hotel, während die »Fleischesser« gegen das Gebäude Sturm liefen. Schließlich ließ Graham von oben kübelweise Leim auf die Angreifer schütten und konnte sie vertreiben. So wurde damals um Brot gekämpft.

Der Philosoph und Aufklärer Immanuel Kant (1724–1804) blieb sein Leben lang unverheiratet. Einer Versuchung konnte er aber nicht widerstehen: Butterbrote, die zuvor in Käse getaucht worden waren. Je mehr, desto besser. Nicht ahnend, dass sie zu den Verdauungsstörungen beitrugen, die sein Ende herbeiführten, aß der Aufklärer Butterbrote mit Käse *gegen* seine Verdauungsstörungen.

Man vermutet, dass das Baguette während Napoleons Russland-Feldzug erfunden wurde, als der Feldherr ein Brot verlangte, das die Soldaten in einer Tasche längs des Beines mit sich führen konnten.

Brezeln gibt es schon sehr lange. Das Wort dafür kommt entweder von lateinisch *pretium* (›Preis‹), weil es als Geschenk den Kindern gegeben wurde, die ihre Bibelverse brav auswendig gelernt hatten, oder es kommt von lateinisch *brachiatellum*, eine Verkleinerungsform für *brachium* (›Arm‹), weil die Rundungen der Brezel an die gekreuzten Arme eines Betenden erinnern.

Die Brezel wurde speziell in der Fastenzeit gebacken. Wie eine Geschichte berichtet, hatte ein italienischer Mönch sie um 600 n. Chr. erfunden, um seine Brüder durch die verschränkten Arme ans Beten zu erinnern. Eine andere Legende erzählt, dass im ausgehenden Mittelalter ein Bäckergeselle beim Backen einschlief. Der wütende Bäckermeister entdeckte, dass seine weichen, weißen Brezeln nun ganz dunkel und hart geworden waren. Doch als er etwas davon abbiss, mochte er den Geschmack und ersparte dem Bäckergesellen eine Ohrfeige.

Brezeln waren zu Beginn der Neuzeit ein Symbol für Glück und Wohlstand. Bei Hochzeiten in Süddeutschland wurden sie vom Brautpaar in die Menge geworfen. An fleischlosen Freitagen aß man traditionell Brezeln und Eier, wobei die Brezeln durch ihre Form das unendliche Leben und die Eier die Wiedergeburt symbolisierten.

Am 13. Januar 2002 saß George W. Bush (geb. 1946) vor dem Fernseher und schaute sich das Spiel der Miami-Dolphins gegen die Baltimore-Ravens an. Er aß dabei eine Packung Salzbrezeln. Unglücklicherweise geriet eine davon in den falschen Hals und blockierte den Vagusnerv, die Verbindung zwischen Gehirn und Herz. Bush fiel ohnmächtig vom Sofa und schlug mit dem Kopf auf die Tischkante. Doch er hatte Glück, und er wachte einige Sekunden später wieder auf. Lediglich ein blauer Fleck am Kopf blieb von seinem Sturz zurück. Das Ganze ging als »Pretzel-Gate« in die Geschichte ein.

Wenn man isst, nimmt man in der Regel mehr Flüssigkeit durch die Speisen auf als durch ein danebengestelltes Glas Wasser. In viel fester Nahrung ist durchaus Flüssigkeit enthalten. Brot besteht beispielsweise zu 30 Prozent aus Wasser. Man könnte, ohne etwas zu trinken, allein vom Brot leben; vorausgesetzt man würde ungefähr täglich 4 – 6 Kilogramm davon essen. Brot deckt, was die Ernährung angeht, fast alles ab, was man zum Überleben braucht. Aber nur fast: Wenn jemand nur die oben genannte Menge Brot essen würde (und nichts trinken und nichts anderes essen), würde ihn eine schleichende Fehlernährung nach ungefähr zwei Jahren töten, wie ernährungswissenschaftlich festgestellt wurde.

Bei »Armen Rittern« handelt es sich um Toastbrot, das in eine Eigelb-Milch-Mischung gelegt und anschließend gebraten wird. Im Englischen heißt diese Zubereitung

»French Toast«. Vor dem Ersten Weltkrieg nannte man die »Armen Ritter« in Amerika noch »German Toast«, doch die antideutsche Stimmung sorgte dafür, dass er in »French Toast« umbenannt wurde.

Butter

Butter, vermutlich aus dem Griechischen *bou-tyron* (›Kuhquark‹), wurde in den nördlichen europäischen Ländern fürs Kochen verwendet, während im südlichen Teil Italiens und in anderen mediterranen Ländern mit Öl gekocht wurde. Das erklärt sich damit, dass es im Norden kälter und die Butter so länger haltbar ist. Wie fremd den sonnenbeschienenen Griechen dies war, sieht man an einem Ausspruch des Komödiendichters Anaxidrenes über seine nördlichen Nachbarn, die Thraker, die er als *boutyrophagoi*, d. h. als ›Butterfresser‹ bezeichnete. Die Butterherstellung ist zudem recht aufwändig, da es fast zehn Liter Milch bedarf, um ein Pfund Butter herzustellen.

Hippolyte Mège-Mouriés (1817–1880) versuchte, Kühe vollständig abmagern zu lassen, um festzustellen, ob das Körperfett der Kühe mit ihrer Milchproduktion in Zusammenhang steht. Er folgerte aus dem Ergebnis, man könne aus dem Fett der Kuh eine ebenso taugliche butterartige Substanz erhalten wie aus ihrer Milch.

Mège-Mouriés vermischte Kuhkörperfett und Stücke aus dem Kuheuter, fügte Milch und kaltes Wasser hinzu, und die so entstandene Paste nannte er zuerst »oleomargarine«, dann verkürzt »Margarine«.

»Margarine« war zwar nicht das appetitlichste, was man sich vorstellen konnte, aber sie wurde wegen ihrer größeren Haltbarkeit (im Vergleich zu Butter) für die Küche des Heeres von Napoleon III. benutzt. Erst zu

Beginn des 20. Jahrhunderts wurde das Kuhkörperfett bei der Margarineherstellung gegen Pflanzenfett ausgetauscht.

Die aus Fett hergestellte Margarine stieß von Seiten der Milch- und Butterwirtschaft zu Beginn ihrer Geschichte auf größeren Widerstand. Diese hatte eine starke Lobby und die Politik zwischen 1870 und 1930 beschützte die Milchproduzenten, wo sie nur konnte. Deswegen durfte in den europäischen Ländern der Margarine kein Farbstoff hinzugesetzt werden. So aber blieb sie unattraktiv weiß. Die Amerikaner gingen noch einen Schritt weiter: Sie verpflichteten die Margarinehersteller, ihr einen rosa Farbstoff zuzusetzen. Durch dieses blümchenhafte Rosa wollte es auch niemand auf sein Brot streichen. Erst die Versorgungsmängel des Zweiten Weltkriegs bedingten ein Umdenken.

Die Schriftstellerin Harriet Beecher-Stowe (1811–1896; *Onkel Toms Hütte*) gab zusammen mit ihrer Schwester, Catharine Beecher (1800–1878), 1869 einen *Leitfaden zur Führung eines christlichen Heims* heraus. Darin fanden sie den Grund dafür, warum das gesamte Essen in den USA damals unappetitlich schmeckte: die Qualität der Butter. Das Wissen um die Kunst, gute Butter zu machen, war in Europa verblieben.

»Amerika hat mehr schlechte Butter auf den Markt geworfen als alle anderen Staaten zusammen. Es lohnt sich, die ekligen Geschmäcker aufzulisten. Mal schmeckt die Butter nach Käse, mal nach Schimmel, mal nach

Kohl, dann wieder nach Rüben, und einige schmecken nach ranzigem Tierfett.« Die Autorinnen vermuteten, dass die schlechte Qualität der Butter von den unventilierten Kellern kam, in der sie hergestellt wurde und in deren Nähe die Gemüsevorräte des Jahres lagerten.

Eier

Bis etwa 1900 waren hartgekochte Eier, Rührei oder Spiegelei ein Nahrungsmittel, das überwiegend am Abend gegessen wurde. In den Häusern reicher Leute kamen bis dahin Austern, Fische, Lammkeulen oder Steak auf den Frühstückstisch und nur gelegentlich Eier. Spätestens um das Jahr 1950 wurden Fleisch und andere Leckereien zum Frühstück als ungesund gebrandmarkt und verschwanden als Frühstücksbestandteil. Lediglich das Ei bestand den Gesundheitstest und breitete sich rasant in allen Variationen als typisches Frühstücksnahrungsmittel aus.

Pinguin-Eier, die man aus Südafrika bezog, galten zur Wende des 19. Jahrhunderts als große Delikatesse. Zu dieser Zeit wurden ungefähr 13 Millionen Eier gesammelt, gegessen oder in alle Welt exportiert. Die Kochzeit für ein hartgekochtes Pinguin-Ei betrug ungefähr 20 Minuten und war, wie eine Quelle berichtet, im Geschmack mit Kiebitz-Eiern vergleichbar (deren Genuss heute allerdings verboten ist).

Für die Kirche war immer schon absolut klar, was zuerst da war, das Huhn oder das Ei. Da Gott die Kreaturen schuf, wurde zuerst das Huhn geschaffen und dann das Ei. Der englische Evolutionsforscher Samuel Butler (1835–1902) bot dagegen eine andere Sichtweise an: Ein Huhn ist nur die Methode eines Eies, ein neues Ei zu produzieren. Das Ei ist natürlich biologisch gesehen älter als das Huhn, da Eier als Fortpflanzungsmittel lange vor den Hühnern existierten. (Gallus domesticus, das Haushuhn, ist nur ungefähr 5000 Jahre alt. Seine Vorfahren lebten in den Dschungeln Südostasiens.)

Geschichtlich standen das Huhn und das Hühnerei im Schatten anderer Nutztiere. Sie spielten bis in die Antike eine verschwindend kleine Rolle im Speiseplan der Menschen. Im Mittelalter nahm die Zahl des Eier legenden Federviehs zu. Die Bauern entrichteten Zinshühner an ihren Lehnsherrn, das heißt, sie mussten für ihr Land eine bestimmte Summe an Tieren als Zins dem adligen Grundbesitzer geben. Erst als im 18. Jahrhundert eine Kreuzung gelungen war, die ein Huhn schuf, das die heutige Quantität von Eiern legen konnte, verdrängte das Huhn Gänse und Enten.

Hühner sind regelrechte Legemaschinen mit 150–300 Eiern pro Jahr (je nach Rasse). Der Grund hierfür liegt in dem biologischen Phänomen, dass Hühner im Gegensatz zu vielen anderen Vögeln keine begrenzte Menge Eier legen, sondern so lange, bis eine bestimmte Anzahl von Eiern im Nest liegt. Nimmt man aber das Ei aus dem Nest, legen sie ad infinitum weiter.

Auf jedem Ei ist eine Kennnummer angegeben, zum Beispiel: 3-De-0351392. Die erste Zahl gibt die Haltungsform an: 0 = biologische Haltung; 1 = Freilandhaltung; 2 = Bodenhaltung; 3 = Käfighaltung. Dann folgt das Länderkürzel, hier DE = Deutschland und dann die Codezahl, die auf den Herkunftsbetrieb verweist. In der Regel findet man im Supermarkt nur Eier der Güteklasse A; B und C werden industriell weiterverarbeitet, zum Beispiel für die Nudelproduktion.

Berühmte Personen sind oft Namenspaten für Gerichte. Das »Omelett Nero« ist nach dem römischen Kaiser Nero (37–68) benannt, dem man nachsagt, Rom angezündet zu haben. In der Mitte des Omeletts steht eine kleine mit Kirschwasser gefüllte Schale, deren Inhalt beim Servieren angezündet wird.

Eis

Die Chinesen gelten als die Ersten, die aus Schnee mit Fruchtsäften eine Form von Speiseeis (nicht zu vergleichen mit dem heutigen Standard) produzierten. Konfuzius (551–479 v. Chr.) ließ sich angeblich sogar einen Eiskeller bauen, um immer einen Vorrat an Schnee zu besitzen. Alexander der Große (356–323 v. Chr.) genoss vor jeder Schlacht Schnee mit Wein und Honig verrührt. Auch die römischen Kaiser wie z. B. Nero liebten Eis. Doch da es damals natürlich noch keinen Kühlschrank gab, mussten Schnellläufer von den Apenninen Eis nach Rom bringen. Die Römer würzten das Eis mit Rosenwasser, Zimt und Veilchen und belegten es mit Datteln, Mandeln und Feigen. Vornehme Römer ließen sich einen Eiskeller bauen, damit sie ihren Gästen jederzeit Gefrorenes anbieten konnten. Bei den ersten Eiscremes handelte es sich genau genommen um Sorbets (das Wort ist arabischer Herkunft und ist mit »Sirup« verwandt), also Eis, das nicht aus Milch gemacht wurde, sondern aus Fruchtsaft. Erst im 18. Jahrhundert gelang einem Koch am französischen Hof die Zubereitung von Milch-Eis.

1530 entdeckte ein Zuckerbäcker aus Catania, dass durch Zusatz von Salpeter in die Eismasse künstliche Kälte erzeugt werden kann. Der erste »richtige« Kühlschrank wurde von dem Deutschen Carl von Linde aber erst 1876 erfunden. Vor diesen Neuerungen war es zwar leicht, Hitze zu erzeugen, aber Kälte zu machen stellte ein schwieriges Problem dar.

Die Perser mochten es so sehr, Eis zu essen, dass sie schon um 400 v. Chr. den ersten nicht-elektrischen Kühlschrank, den Yakchal, erfanden, wobei es sich um ein Bauwerk handelte, das sich bis tief unter die Erde erstreckte. Im Winter wurde es mit großen Mengen von Schnee aus den Bergen gefüllt, im Hochsommer dann konnte man so mitten in der Wüste ein Eis genießen. In einem mittelalterlichen Reisebericht aus dem Jahr 1046, dem *Safarname*, wird berichtet, dass der Sultan der Stadt Misr täglich vierzehn Kamelladungen Schnee geliefert bekam, die für dessen Eislager vorgesehen waren.

Der Sonnenkönig Ludwig XIV. (1638–1715) liebte Schokoladen-Eis und trug mit seiner Vorliebe sehr zur Popularisierung von Eis bei. Während Karl I. von England (1600–1649) seinem Konditor Tissain noch gedroht hatte, dass er ihn köpfen lassen würde, wenn er das Rezept für Eis verrate, erlaubte der Sonnenkönig seinen Saftmachern, den sogenannten »Limonadiers«, Eis herzustellen. Das führte zur Eröffnung des ersten Pariser Eiscafés im Jahre 1672.

Wie manch eine Speise zu ihrem Namen kommt, kann man am Fürst-Pückler-Eis sehen. Hermann von Pückler (1785–1871) war Schriftsteller, Reisender, Lebemann, Gourmet, Gartenarchitekt und vor allen Dingen Exzentriker. Zu seinen Spleenereien gehörte, dass er mit einer Kutsche, vor die Hirsche (!) gespannt waren, durch die Stadt fuhr. Berichtet wird auch, dass er sich in gutem Einvernehmen von seiner Gattin scheiden ließ und eine betuchtere Dame heiratete, als ihm das Geld für seine kostspieligen Gartenprojekte ausging.

Eines seiner Bücher, in denen Fürst Pückler – nicht weniger kurios – politische Aufsätze und Gruselgeschichten zusammenfasste, hieß *Tutti Frutti*. Es gab unweit des Schlosses des Fürsten ein Café mit Namen Kranzler, das Halbgefrorenes – ohne eine Anspielung auf den Buchtitel machen zu wollen – als »Tutti Frutti« anbot. Nach dem Erscheinen des Buches bestellte sich jeder im Café Kranzler diese Süßspeise. Unweit dieses Cafés hatte ein Konditor mit Namen Schultz gerade ein neues Eis geschaffen (er schichtete Erdbeer-, Vanille- und Schokoladeneis). Da er vom Erfolg von *Tutti Frutti* wusste, bat er den Fürsten, das Eis nach ihm benennen zu dürfen, was ihm auch gestattet wurde.

1905 vergaß der Amerikaner Frank Epperson (1894 – 1983) in einem Eimer seinen hölzernen Löffel, den er zum Umrühren einer Mischung verwandte, aus der Speiseeis entstehen sollte. Über Nacht fror das Eis, und Epperson fand den aufgerichteten Löffel in der kalten Masse stecken. 1923 meldete er dann das Patent für Eis am Stil an. In Deutschland kam es etwas später unter dem Namen »Rahmeislutscher« auf den Markt.

Kaum eine Eheschließung war für die französische Küche entscheidender als die zwischen dem französischen König Heinrich II. (1519–1559) und der Italienerin Katharina von Medici (1519–1589). Nachdem sie erst einmal Königin geworden war, bestand Katharina auf ihren italienischen Gewohnheiten. Sie brachte nicht nur den Damensattel (dank dessen die Frauen zum Beispiel an Jagden teilnehmen konnten) oder das Korsett zum Schnüren der Wespentaille mit an den französischen Hof, sondern auch ein kleines Heer von italienischen Köchen, deren Wirken die anspruchsvolle französische Küche erst formte. Die neue Königin führte zudem Broccoli, Artischocken, Kohl, Bohnen, Trüffel und Eis ein. (Katharina hatte einen speziellen Zubereiter dabei, der ihr jeden Tag eine andere Sorte Eis machen musste.)

Fisch und Meeresgetier

Im antiken Griechenland war Fisch lange Zeit als Armenspeise verpönt. Er wurde zum Teil importiert, zudem verdarb er schnell. Erst Archestratos im 4. Jh. v.Chr., der einen Gastronomieführer schrieb, machte den Fisch populär, indem er leckere Rezepte vorschlug wie in Öl gebratenen Fisch im Käsemantel. Da die Griechen – um ihre Städte und Schiffe zu bauen – ihre Wälder abgeholzt hatten, wodurch die Versorgung durch Jagdwild wegfiel, und auf dem steinigen Untergrund nur die zähen Olivenbäume wuchsen, bekam Fisch eine wesentliche Bedeutung für die Ernährung. Am Ende der Entwicklung stand, dass gut zubereiteter Fisch als das Gourmetgericht schlechthin galt. Der griechische Autor Aelian berichtet, dass es in Rhodos genüge, auf dem Markt Fische nur bewundernd anzuschauen, um als Gentleman zu gelten. Wer aber Fleisch kaufte, galt als ungebildeter Barbar.

Im Mittelalter wurde 166 Tage im Jahr mehr oder minder streng fleischlos gefastet. Ebenso waren tierische Fette wie Butter und Milch in dieser Zeit verboten. Fisch diente als Ersatz, doch der war nicht überall zu haben. Bereits Karl der Große (748–814) ordnete deswegen an, dass jeder Bauernhof einen Fischteich haben sollte, um die Bevölkerung mit genügend Fisch zu versorgen. Aber einen Fischteich zu unterhalten war teuer. Man brauchte Röhren und Leitungen, um genügend Frischwasser hinzuzupumpen. Die jährlichen Reinigungskosten hatten den Gegenwert von 15 Rindern, wie eine mittelalterliche Handwerkerrechnung ausweist. Immerhin sollten in den Teichen mehrere tausend Fische Platz finden.

Trotz der Schwierigkeiten muss man sich für diese Zeit eine Fischindustrie vorstellen, die die Bevölkerung auf Karren oder auf Kähnen mit Fisch versorgte. Gesalzen, in feuchte Tücher gewickelt oder lebend in Fässern gehalten, so sollte der Fisch zum Kunden kommen. Größere Haushalte beschäftigten Angler, die in nahe gelegenen Flüssen fischten. Dazu ergänzten Muscheln, Austern, Krabben und Krebse das reiche Angebot an Meerestieren.

Ein mittelalterliches Hausbuch aus dem späten 14. Jahrhundert hält fest, wie ein Käufer »einen lebenden Karpfen einen ganzen Tag herumtragen« konnte: »Wickle den Karpfen in nasses Heu und transportiere ihn mit dem Bauch nach oben in einer Ledertasche oder einem Sacke, ohne dass er der Luft ausgesetzt wird.«

Erst die Reformation und das Aufweichen der Fastenregeln reduzierte die Nachfrage nach Fisch und beschränkte die Bauern wieder auf die Haltung von Schweinen und Kühen, die im Vergleich zur Fischzucht wesentlich einfacher zu handhaben war.

Da es verboten war, Fleisch in der Fastenzeit und an Freitagen zu essen, Fisch aber erlaubt war, entwickelte sich ab dem 9. Jahrhundert die erste Walfangindustrie. Die erste Walfangnation, die Basken, jagten die Tiere zunächst an der eigenen Küste, dann, als ihre Heimatgestade leer gefischt waren, dehnten sie ihr Gebiet bis nach

Neufundland aus. Überreste einer Walfangstation mit fünfzehn baskischen Schiffen sind im kanadischen Gebiet Labrador aus dem Jahre 1530 erhalten. Als Folge der baskischen Walfangunternehmungen schrumpfte der Bestand an Glattwalen erheblich. Besonders das Fett der Tiere wurde in ganz Europa geschätzt.

Bei den seltenen Gelegenheiten im Mittelalter, wenn ein Wal strandete, war der Kadaver im strengen Sinne Eigentum des Königs. Die Bauern und Fischer der Meeresregionen durften sich also nicht am Fleisch gütlich tun. Da es aber in der Praxis unmöglich war, den Walkörper frisch an den Hof zu schicken, begnügte man sich damit, ihm die Zunge, die gesalzen als besondere Delikatesse galt, abzuschneiden und sie dem König als Zeichen des Respekts vor dem Gesetz zu senden.

Das Fleischverbot, das auch im ausgehenden Mittelalter noch Bestand hatte, zwang die Köche, neue Rezepte mit den vorhandenen Möglichkeiten zu schaffen. Anna Weckers *Köstlich new Kochbuch* von 1598 enthält beispielsweise ein Rezept für gefüllten Hechtdarm: »Wenn du einen schönen Hechtdarm hast, wasch ihn und blas ihn mit einem Röhrchen auf, damit er groß wird. Nimm ein Stück Hecht, von dem du denkst, es ist nötig, auch Essig, Speck und Salz und füll damit den Darm.« Danach wurde der Hechtdarm mit Ingwer gekocht, in Scheiben geschnitten und schließlich in einer Brühe serviert.

Die Japaner konsumieren 10 Prozent der weltweit gefangenen Fische. Nicht zuletzt begünstigt nicht nur die Insellage den Fischverzehr, sondern auch, dass es gegen buddhistische Prinzipien verstieß (und sogar in Japan bis 1872 verboten war), vierbeinige Tiere zu essen. Allerdings wollten trotzdem viele auf Fleisch nicht verzichten, und einfallsreiche Küchenchefs boten beispielsweise Wildschwein einfach unter dem Namen »Bergwal« an.

Jean-Anthelme Brillat-Savarin (1755–1826) erzählt in seiner *Physiologie des Geschmacks* (1825), dass er einmal an der Seine in ein Fischerdörfchen gekommen sei. Dort habe einer der Fischer ihm gesagt: »Mein Herr, wir haben acht Familien hier mit zusammen 53 Kindern. 49 davon sind Mädchen und nur vier Jungen.« Daraus zog Brillat-Savarin den Schluss, dass Ernährung mit viel Fisch Mädchen als Nachwuchs erzeuge.

Seit über 250 Millionen Jahren lebt der Kaviar erzeugende Stör auf diesem Planeten, er ist damit älter als die Dinosaurier. Von den insgesamt 27 Störarten produzieren nur drei schmackhafte Fischeier: Der teure Beluga (große Eier), der Ossetra (mittlere Eier) und der billige Sevruga (kleine Eier).

Ursprünglich war Kaviar das Arme-Leute-Essen der Fischer. Das sieht man bereits an der einfachen Zubereitungsart, die in keinerlei Weise aufwändig ist. Das Kochbuch des Martino da Como von 1460 kennt zwei Anrichtungsarten des Kaviars. Die erste ist, den Kaviar aufs

Brot zu streichen und das Brot in der Luft des heißen Herdes zu toasten, bis die Stör-Eier eine gebräunte Kruste erhalten; die andere ist, aus Kaviar, Brotkrumen, Zwiebeln und Kräutern eine Art Kuchenmasse zu formen, die man wie einen Eierkuchen bäckt.

Im Amerika des frühen 19. Jahrhunderts wurde Kaviar in einigen Saloons gratis gereicht, weil dessen salziger Geschmack den Bierkonsum vervielfachte. Ja, einige Saloonbesitzer mischten Kaviar direkt ins Bier und verkauften es ihren durstigen Kunden als »albanisches Bier«.

Die Preise explodierten erst, als der russische Zar eines Tages Geschmack an den Fischeiern fand. 11 Tonnen mussten die Fischer jährlich an Zar Nikolaus II. (1868–1918) liefern. Die hohen Preise, die für den Kaviar erzielt werden, lassen sich nicht unbedingt aus der Schwierigkeit erklären, die Fischeier des Störs zu gewinnen. Beispielsweise produzierten die Amerikaner Ende des 19. Jahrhunderts Kaviar, den sie nach Europa exportierten. Einige Europäer klebten auf die Lieferung den Zettel »Russischer Kaviar« und exportierten ihn ihrerseits zu horrenden Preisen in die USA zurück.

Krebse waren früher eine häufige und beliebte Speise. Viele hielten sich lebende Krebse, wie ein Konversationslexikon aus dem Jahr 1834 berichtet. Man sperrte sie in eine hölzerne Wanne, die mit Gras und Brennnesseln abgedeckt und in den Keller gestellt wurde. Die Krebse selbst mästete man mit Karotten und mit Milch.

Aus der Zeit des Barock ist ein Rezept für frische Krebse überliefert, bei dem die lebenden Krebse mit Branntwein überschüttet werden. Das Gericht wird beim Servieren zugedeckt, damit die Krebse nicht weglaufen, bevor sie angezündet werden.

Johann Sebastian Bach (1685–1750) war ab 1707 Organist in Mühlhausen. Da die Stadt ihm nur ein mageres Gehalt zahlen konnte, bestand das Entgelt aus Naturalien. Zum Beispiel hatte er Anspruch auf 3 Kilo Fisch jährlich.

François Vatel (1631–1671) war der Leibkoch von König Ludwig XIV. Bei einem Fest traf die Ladung Fische, die Vatel bestellt hatte, zu spät ein, weil die Karren im Schlamm stecken geblieben waren. Deswegen konnte Vatel sein vorbereitetes Gericht nicht pünktlich auftragen. »Ich ertrage diese Schmach nicht«, rief er und stürzte sich in sein Schwert.

Die Miesmuschel ist nicht »mies« im Sinne von »gemein«, sondern der Begriff kommt vom mittelhochdeutschen Wort für »Moos«, weil sie sich wie Moos festsetzt. Die Miesmuscheln werden an im Meer stehenden Pfählen schon seit dem 13. Jahrhundert gezüchtet.

Nach einer alten Regel soll man Muscheln nur in Monaten mit »R« im Namen essen. Dieser Rat gilt damals wie heute. Durch die Hitze in den Sommermonaten verdarben früher Muscheln leichter. Heute sind es eher Geschmacksgründe, die dafür sprechen. Muscheln laichen im Sommer und sind deswegen zu dieser Zeit weniger schmackhaft.

Otto von Bismarck (1815–1898) kritisierte einmal die Vornehmtuerei der Gourmets: »Wenn Heringe so teuer wären wie Kaviar oder Hummer, so würde man ihn für den feinsten Leckerbissen halten.« Die Fischhändler fanden diese netten Worte so schmeichelhaft, dass sie dem gewöhnlichen Hering den Namen »Bismarckhering« gaben.

Marlene Dietrich (1901–1992) litt chronisch an Schlaflosigkeit. Ihr half nur ein Mittel, um wieder in den Schlaf zu finden: ein Sardinen-Zwiebel-Sandwich.

Austern schreibt man eine das Geschlechtsleben animierende Wirkung zu. Aber warum gelten diese Geschöpfe als Aphrodisiaka?

Vielleicht deswegen, weil es sich bei Austern um zyklische Hermaphroditen handelt. Mal haben sie alle Kennzeichen eines veritablen Männchens, dann sind sie wieder ganz Frau. Eine durchschnittlich große Auster verfügt über 20 bis 100 Millionen Eizellen, die Anzahl der Spermatozoiden liegt noch weit darüber.

Was soll man also davon halten, dass Ludwig XIV. (1638–1715) vor seiner Hochzeitsnacht mit Maria Theresia von Spanien gleich 400 Austern verschlungen haben soll? Sechs Monate nach dem Tod seiner Frau Maria Theresia heiratete Ludwig der XIV. Madame de Maintenon, die ihm durch ihre weiblichen Fertigkeiten – wie es damals hieß – vor einer »Vergiftung durch Austern« bewahren konnte.

Nicht jedem schmecken Austern, »die Trüffel des Meeres« (wie sie in der Antike genannt wurden). Dem englischen Schriftsteller William Thackerey (1811–1863) wurden bei einem Empfang zum ersten Mal in seinem Leben Austern serviert. Unsicher fragte er seinen Nachbarn, den Verleger James Th. Fields (1817–1881), wie man sie zu essen habe. Fields führte es ihm vor, und Thackerey nahm seinen Mut zusammen und tat es ihm gleich. »Und wie schmeckt's?«, flüsterte Fields – »Als ob ich ein Embryo geschluckt hätte«, antwortete Thackerey angewidert.

»Ich esse keine Austern. Ich will, dass mein Essen tot ist, nicht verwundet, nicht krank, sondern tot.« (Woody Allen)

Immer wieder liest man, dass bekannte Gourmets unglaubliche Mengen Austern gegessen haben sollen. Die heute erhältliche, recht große pazifische Auster (»Crassostrea gigas«) ist aber nicht vergleichbar mit der in früheren Jahrhunderten verbreiteten und viel kleineren europäischen Auster (»Ostrea edulis«).

»Ein Optimist ist ein Mensch, der ein Dutzend Austern bestellt, in der Hoffnung, sie mit der Perle, die er darin findet, bezahlen zu können.« (Theodor Fontane)

Hummer müssen bis kurz vor dem Zeitpunkt ihrer Zubereitung lebendig sein, weil tote Hummer schnell Giftstoffe entwickeln, die zu Lebensmittelvergiftungen führen können. Er war im Gegensatz zu heute ursprünglich ein Arme-Leute-Essen. Bei einem Streik am Ende des 19. Jahrhunderts in einem Hotel an der amerikanischen Ostküste verlangte das Personal, dass ihm nicht mehr drei Mal pro Woche Hummer vorgesetzt werden sollte.

Der französische Dramatiker Georges Feydau (1862–1921) aß in einem Restaurant zu Mittag. Er ließ sich einen Hummer servieren, der aber, wie er feststellte, nur eine Schere hatte. »Die Hummer kämpfen oft im Becken und zwicken sich eine Schere ab«, erklärte der Küchenchef. »Dann nehmen Sie den da weg«, rief Feydau erbost, »und bringen Sie mir den Sieger.«

Eine schwedische Delikatesse ist der »Surströmming«. Dabei handelt es sich im Wesentlichen um verfaulten Hering in der Dose. Zuerst wird der Hering in einem Fass stark übersalzen und dann in eine Dose »zum Nachreifen« ohne jegliches Pasteurisieren gelegt.

Wegen der hohen Explosionsgefahr der gärenden Dosen ist Surströmming an Bord von British-Airways-Flugzeugen verboten. Eine Hausmeisterin in Köln wollte 1981 zum Jahreswechsel den Mietern etwas Gutes tun und verteilte kostenlos an sie die schwedische Spezialität … und wurde fristlos entlassen. Auch das Kölner Landgericht bestätigte ihren Rauswurf, vermutlich nachdem der Richter ein Löffelchen Surströmming probiert hatte.

Ein kulinarisches Highlight aus Island ist der Gammelrochen (*kaest skata*), der dort traditionell einen Tag vor Weihnachten verzehrt wird. Das Besondere an dem Fisch ist, dass er seinen Urin nicht in der Blase sammelt, sondern im ganzen Körper verteilt, wodurch der einzigartige Geschmack des Rochens entsteht.

Fleisch

Die Idee, Nutztiere wie Kühe oder Hühner nicht allein zur Milch- oder Eierproduktion zu halten, sondern als Fleischlieferant, stammt aus der Zeit der Renaissance, als man durch neu entstandenen Wissensdurst sich »wissenschaftlich« mit der optimalen Haltung von Tieren auseinandersetzte. Man dachte über das richtige Futter nach und entdeckte die Notwendigkeit, Ställe sauber zu halten. Rinder wurden zuvor eher wegen des Leders gehalten, das man aus ihrer Haut machte, als wegen ihres Fleisches. Die Ochsen dienten zum Pflugziehen. Wenn die Rinder dann in die Jahre kamen, wurden sie geschlachtet, aber die Adligen und Reichen vermieden ihr zähes Fleisch und zogen Hirsche, Wildschweine, Fasane und Gänse vor. Die Rinder überließen sie dem Personal.

Der Verzehr von Fleisch verbesserte die Ernährung der Menschen, denn es ist ein besserer Energielieferant als pflanzliche Nahrung. Vergleicht man die Nahrungsaufnahme eines kleinen Schafs und eines Schäferhundes, so benötigt der Schäferhund täglich 800 g Fleisch, während das Schaf etwa 6 kg Gras fressen muss (und den ganzen Tag damit beschäftigt ist).

Fleisch und Evolution: Neulich stellten Forscher fest, dass der Neandertaler (dessen Gehirn dasjenige des Homo sapiens an Größe übertraf) sich zu 90 Prozent mit Fleisch ernährte. Der mit Bewusstsein ausgestattete Mensch zahlt allerdings einen Preis für seinen Fleisch-

...: ein schlechtes Gewissen. Dieses spiegelt sich in
...en religiösen Riten naturverbundener Gesell-
...n wider, mit denen man sich bei dem getöteten
Tier »entschuldigt«.

John Aubrey (1626–1697) berichtet über William
Shakespeare, dass er wie sein Vater eine Zeit lang gezwungen war, das Metzgerhandwerk auszuüben. Doch
jedes Mal, wenn der junge Dichter ein Tier schlachtete,
hielt er danach unter Tränen eine bewegende Rede.

In der Regel wird Muskelfleisch verzehrt. Je mehr ein
Muskel sich bewegt, desto mehr Muskelfasern bildet er.
Leider verbinden sich kulinarische Interessen nicht mit
denen des Tierschutzes. Denn je weniger sich ein Tier
bewegt, also je weniger sein Muskel beansprucht wird,
desto weniger Fasern bildet es aus und desto weniger
zäh wird das Fleisch sein. Bei Jungtieren ist das Fleisch
aus diesem Grund zarter, und das Fleisch von Rindern,
die in den großen amerikanischen Viehtrieben über viele
Hunderte Kilometer getrieben werden, ist recht zäh.
Fisch dagegen bildet nur sehr kurze Fasern aus, weswegen Fisch, wenn er richtig zubereitet wird, beim Druck
der Gabel zerfällt.

Der Unterschied zwischen hellem und dunklem Fleisch
entsteht nicht aus den Resten von Blut. Muskeln speichern Sauerstoff in Form von Myoglobin (während das
Hämoglobin des Blutes Sauerstoff transportiert). Die

Menge an Myoglobin bestimmt, wie hell oder dunkel das Fleisch ist. Das Dunkle sagt etwas über die tägliche Belastung des Muskels aus. Bei Hühnern ist das Bein, auf dem das Tier steht, stärker beansprucht als der Flügel oder gar der Brustmuskel, die beide im Gegensatz zum dunklen Fleisch des Beines weißes haben.

»Der liebe Gott schickt das Fleisch, aber der Teufel die Köche.« (Sprichwort) – Ein recht hartnäckiges Fehlurteil über das Kochen von Fleisch verdankt die Kochgeschichte dem Philosophen Aristoteles (384–322). Dieser hat nämlich im vierten Abschnitt seines Buches über die Meteorologie behauptet, dass man die Poren eines Stückes Fleisch durch scharfes Anbraten verschließen könne, mit dem Resultat, dass die Säfte beim späteren Backen, Kochen usw. nicht austreten könnten. Die Kochbuchautoren des 17. und 18. Jahrhunderts griffen seine Meinung wieder auf, so dass auch heute noch aus diesem Grund viele Köche und Köchinnen ihr Fleisch kurz scharf anbraten, bevor sie es in die Bratenröhre schieben. Die beim Scharf-Anbraten entstehende Kruste ist nicht wasserdicht, so dass die Säfte trotzdem ausfließen können. Wenn man auf das Anbraten verzichtet, enthält das Fleisch nachweislich genauso viel Flüssigkeit.

Das katholische Fastengebot wurde in früheren Jahrhunderten sehr ernst genommen. Im Jahre 1528 musste zum Beispiel der bayerische Chronist Johannes Aventinus (1477–1534) für elf Tage ins Gefängnis, weil er Fleisch zur Fastenzeit gegessen hatte. Ebenso wurden der Schlossherr Rogl von Leuchtenberg sowie seine Frau dafür eingesperrt. Die ungewöhnliche Härte, mit der von Seiten der Obrigkeit durchgegriffen wurde, hatte seinen Grund in der Kirchenspaltung. Wer das Fastengebot brach, stand im Verdacht, ein Protestant zu sein. So wurde einmal der Philosoph Erasmus von Rotterdam (1466–1536) dafür kritisiert, die katholische Fastenzeit vor Ostern nicht einzuhalten; seine knappe Antwort: »Ich habe eine katholische Seele, aber einen protestantischen Magen.«

Eine der wichtigsten Nahrungsquellen für die ersten Menschen waren Insekten, die überall reichlich zu finden waren. Schnecken wurden schon 10 000 v. Chr. zu Verzehrzwecken gezüchtet. Irgendwann kehrte der Mensch den kleinen Krabblern kulinarisch den Rücken. Vermutlich deshalb, weil durch die Entwicklung des Ackerbaus Insekten nicht mehr erwünscht waren, die in Form von Plagen die Felder leerten. In alten Zeiten stand man oft den über die Ernte herfallenden Insekten hilflos gegenüber. Die *Times of India* berichtet, dass im Jahr 2008 in 36 afrikanischen Ländern 527 Insektenarten verspeist werden, ebenso werden in 29 asiatischen und 26 amerikanischen Ländern Insekten verzehrt; führend ist Thailand, wo 200 verschiedene Insekten gegessen und auf lokalen Märkten überall zum Verkauf angeboten werden.

»Heliciculture« nennen die Franzosen die Schneckenfarmen, die Frankreich mit den nötigen Schnecken zum kulinarischen Überleben versorgen. Archäologi-

sche Fundstätten legen den Schluss nahe, dass scho.
prähistorischen Zeiten Schnecken als erste Tiere zu Na..
rungszwecken gezüchtet wurden. Auch im alten Rom,
wo Schnecken gerne geröstet serviert wurden, gab es
Schneckenfarmen. Die Ableitung des lateinischen Wortes
für Löffel *coclear* aus dem für Schnecke *coclea* lässt ah-
nen, wie beliebt die Kriechtiere damals waren. Manche
Römer züchteten Schnecken in Teichen auf Inseln. Ein
gewisser Hirpinus kultivierte sie in seinem Garten und
versorgte sie (nach Plinius dem Älteren) lediglich mit
Mehl und Wein, um sie besonders schmackhaft zu machen. Andere fütterten sie mit Milch, bis sie zu fett waren, um wieder in ihr Haus kriechen zu können.

Der Umgang in der Küche mit Schnecken verlangt einiges an Vorbereitung. Anna Wecker schreibt schon
1598: »Normalerweise sammelt man die Schnecken im
März, wenn ihre Häuser noch gut verschlossen sind.
Man siedet die Schnecken in einem Topf und holt sie
dann aus ihren Häusern. Man entfernt mit einem Messer
den Darm und alle Eingeweide. Man säubert sie schließlich mit klarem Brunnenwasser.« Anschließend werden
die Schnecken wieder in ihre Häuser gesteckt und mit
Knoblauch-Kräuterbutter versehen. Der Aufwand, die
Innereien zu entfernen, ist notwendig, weil die Schnecken verfaulte Blätter fressen, die für Menschen giftig
sein können. Im Übrigen sei erwähnt, dass von den
zahlreichen Schneckenarten nur 116 für den Menschen
essbar sind, aber in der Regel nur zwei Schneckensorten
als »escargots« serviert werden.

[...]ypter waren die letzte Gesellschaft, die im [...]ersuchte, neue Tiere zu Nahrungszwecken [...]eren. Seitdem sind Rind, Schwein, Huhn [...]re und Essenslieferanten zugleich. Nicht alle der Experimente der Ägypter gelangen. Beispielsweise bemühten sie sich darum, Hyänen zu züchten. Doch der Gedanke, ein solches Tier zu verspeisen, das von Aas lebte, war vielen Ägyptern unerträglich. Ebenso erfolglos wollten sie Herden von Gazellen, Antilopen und Steinböcken anlegen. Immerhin domestizierten sie erfolgreich Pelikane, Wachteln, Tauben und anderes Geflügel.

Die Mongolen unter der Führung von Kublai Khan (1215–1294) schossen Rehböcke, zerlegten sie und legten die klein geschnittenen Teile unter ihre Sättel; dann ritten sie einige Meilen, bis das Fleisch weich war und im Sattel sitzend verzehrt werden konnte. Das geschah auf Anordnung von Kublai Khan, um die schnell voranrückenden Reiterhorden nicht durch Essenszubereitung unnötig zu verlangsamen. Nachdem Kublai Khan mit seiner Armee Moskau erreicht hatte, wunderten sich die Russen über das roh gegessene Fleisch und nannten es »Steak Tartar«.

Um 1600 war Hamburg der wichtigste Verbindungshafen zu Moskau. Russische Matrosen brachten das »Steak Tartar« nach Hamburg. Hier wurde das Fleisch zum ersten Mal angebraten, mit Brotkrumen und mit Minze versehen an Straßenlokalen den hungrigen Matrosen verkauft, denen es weniger um den Geschmack als um ein billiges Essen ging. Seitdem nennt man zu einem Klumpen geformtes Fleisch »Hamburger«. Deutsche Emigranten verbreiteten nach 1800 den »Hamburger« in der ganzen Welt und hielten in der Fremde eisern an diesem Namen fest, weil er sie an ihre Heimat erinnerte. In Deutschland selbst bevorzugte man lange die Ausdrücke »Frikadelle« und »Bulette«.

Die Leidenschaft der Franzosen für ihr geliebtes »bifteck« verdankt sich den Zeiten, als Napoleon in Waterloo seine Niederlage erfuhr und man Ernährungsgewohnheiten der englischen Soldaten kennen lernte. Was aber wären die Franzosen, wenn sie nicht auch auf diesem Gebiet feine Unterschiede kreiert hätten: »bleu« heißt das Steak, das kaum die Pfanne gesehen hat, »saignant« (war etwas länger in derselben, ist innen aber noch rot), »à point« (ausgeglichenes rosa) und »bien cuit« (durchgebraten).

Schwein zu essen ist in einigen Kulturen verpönt, aber auch in unserer Sprache kann das Wort als Beleidigung dienen. Das muss nicht immer so sein. Die Kelten, die sich von diesem Tier ernährten, nannten den Gott, der bei den Römern »Merkur« hieß: »Moccus«, das keltische Wort für »Schwein«. Die Kelten liebten sämtliche Produkte des Schweins. Die Beine des Tieres waren den mutigsten Kriegern vorbehalten, und es ist sehr wahrscheinlich, dass die Kelten den Schinken erfanden.

Um die Adventszeit – die im Mittelalter eine streng ein-
gehaltene Fastenzeit war – erträglicher zu machen, stellten die Leute alles Mögliche aus Fisch her. Aus Mandel-
öl und Fisch wurde beispielsweise ein Käseersatz gemacht. Da der Biber wegen seiner Lebensweise im Wasser
als Fisch galt, kam nicht selten ein solcher auf den Teller.
Hier die Beschreibung aus dem Buch *Koch und Keller-
meisterey* von 1566: »Der Biber ist ein Tier wie der See-
hund. Er ist lang, sieht aus wie schwanger, hat lange Ze-
hen, und er lebt nicht lange. Begibt er sich ins Wasser, ist
er halb Fleisch und um den Schwanz herum Fisch. Der
Biber hat viel Fett in den hinteren Füßen, vorne hat er
Pfoten wie ein Hund. Hinten ist er also wie ein Fisch,
vorne wie ein normales Tier. Schneidet man die Biber-
hoden ab und hängt sie an einer dunklen Stelle auf, so
kann man daraus ein Öl, das Castorium, gewinnen, das
gegen Haarausfall nützt. Macht man ein Pulver aus den
Hoden, kann man es unter die Zunge legen, es hilft dann
gegen Stottern. Zusammen mit Essig helfen seine Hoden gegen Bauchweh.«

Zudem grassierte die Legende, dass es eine Wasser-
pflanze gäbe, an deren Stängel Gänse wachsen würden.
Clevere Marktleute verkauften Wasserpflanzengänse
(die natürlich normale Gänse waren). Da die Pflanze
nach dem Mythos im Wasser heimisch war, durften
Wasserpflanzengänse auch in der Adventszeit gegessen
werden.

Im Jahre 1966 wurde das Fleischverbot an Freitagen für
Katholiken (außer am Karfreitag) von Seiten der katholischen Kirche aufgehoben. Kein Fleisch zu essen, son-

dern stattdessen pflanzliche Nahrung, hat eine lange (nicht-katholische) europäische Tradition. Sie beginnt mit dem Philosophen Pythagoras um 500 v. Chr., der eine vegetarische Lebensweise propagierte und behauptete, dass es den Göttern reiche, Honig und Kuchen als Opfer zu bekommen anstatt wie üblich Ziegenfleisch. Ebenso behauptete 800 Jahre später der esoterische Philosoph Porphyros (233–301/305), es sei besser Pflanzen zu essen, weil jene sich von göttlichem Licht ernähren und dieses in sich speichern würden. Benedikt von Nursia (480–547), der im Jahre 529 das erste Kloster auf dem Berg Monte Cassino gründete, stand in der antiken Tradition, als er in seiner Ordensregel den Genuss aller vierbeinigen Tiere verbot (d. h. Geflügel war erlaubt). Die wichtige Kirchenautorität Isidor von Sevilla (560–636) propagierte, dass der Verzehr von Fleisch den Esser erotisch stimuliere. Aus diesem Grund sei nach Möglichkeit vom Fleischessen abzusehen. Auch Papst Gregor I. (540–604) stimmte mit ein: »Es hat einen Grund, warum Gott die Hoden direkt unterhalb des Magens angebracht hat.« Da es im Mittelalter und in der Neuzeit den meisten ärmeren Leuten schwerfiel, überhaupt etwas zum Essen herbeizuschaffen, trugen von der Kirche angeordnete ausufernde Fastenzeiten und Fleischessverbote wesentlich zur allgemeinen Fehlernährung der einfachen Bevölkerung bei.

Die Verbreitung des Truthahns, der aus der Neuen Welt im 16. Jahrhundert nach Europa gelangte, hatte für den Pfau etwas Gutes; jener verschwand als gern gesehenes Tier aus den Kochtöpfen der Adligen. Denn bis dahin galt er als ein beliebter Glanzpunkt einer Festtagstafel.

Im berühmten Kochbuch *Libro de arte coquinaria* (1460) von Maestro Martino steht ein Rezept, das folgendermaßen überschrieben ist: »Wie man einen Pfau macht, der noch sein ganzes Federkleid hat, der gekocht beinahe lebendig aussieht und Feuer aus dem Mund versprüht.« Damit ein feuriger Auftritt auch gewährleistet war, strich man ordentlich Kampfer in den Schnabel des Pfaus und entzündete es beim Servieren. Zwar erzeugt verbrannter Kampfer Übelkeit und ist gesundheitlich nicht unbedenklich, aber die »Show« war wichtiger als andere Bedenken. Damit der Glitzer-Effekt des Feuers noch erhöht wurde, schlug Martino vor, das Federkleid mit Gold zu überziehen.

Bei Jagden unterschied man im Mittelalter das Hochwild, das nur von Adligen bzw. in deren Auftrag erlegt wurde, vom Niederwild, das von Bauern und dem einfachen Volk erjagt werden durfte. Zum Hochwild zählten nicht nur Hirsche, Wildscheine und Gämsen, sondern auch Steinadler und Schwäne, die beide, heute unvorstellbar, wohl gebraten auf den Tellern der Adligen landeten. Schwan beispielsweise war einer der Höhepunkte vieler mittelalterlicher Festbanketts, wobei man das Tier zuerst rupfte, zubereitete und ihm dann – wenn es besonders prachtvoll zugehen sollte – sein natürliches Federkleid wieder ansteckte.

Die kulinarische Kunst, einen Schwan richtig zuzubereiten, ist im Laufe der Zeit verloren gegangen. Einige – wie man liest –, die in jüngerer Zeit Schwan probiert haben, beschreiben die zähe Qualität des Fleisches. Vielleicht ist es nur eine Frage der Zubereitung. Hier ein mittelalterliches Rezept für die Zubereitung von Schwan aus dem englischen Kochbuch *Utilis Coquinario* des 14. Jahrhunderts:

»Schwan in Sauce – Nimm einen Schwan, rupfe und wasche ihn, brate ihn in viel Speck an. Nimm die Innereien des Schwans, wasche sie, koche sie, bis sie gar sind, und hacke sie klein. Dann brauchst du Ingwer, Galgant und Brot. Zerstampfe alles und koche es in Brühe (gib etwas Schwanenblut hinzu, um die Farbe der Sauce zu verbessern). Wenn dies nun weich ist und die Zutaten glatt gekocht sind, salze die Sauce und schütte etwas Essig hinein. Du nimmst wieder den Schwan, bepinselst ihn ganz mit Olivenöl und steckst ihn in den Ofen. Wenn der Schwan gar ist, servierst du ihn mit der Sauce.« Das Rezeptbuch endet mit dem Hinweis, dass die gleiche Sauce und Zubereitungsart auch für einen gerösteten Reiher dienlich sein können.

In der mittelalterlichen Fleisch-Küche waren vor allem Hammel, Hase, Frosch, Flusskrebs, Ochse und Spanferkel gang und gäbe. Die Tiere, die dagegen zu unserer Zeit häufig auf dem Teller zu finden sind wie Huhn, Schwein und Rind, bildeten eher die Ausnahme im Mittelalter. Wenn damals aber ein Huhn serviert werden sollte, dann in all seinen Teilen. Hier ein »Gut Essen mit Huhn«, wie das mittelalterliche Kochrezept überschrieben ist: »Nimm ein Huhn, schneid Kopf, Kragen, Leber, Magen und alle Eingeweide heraus. Gebe sie in einen Topf, hacke alles, füge Petersilie, rohe Eier, Salz, Bier, Rosinen und zerkleinerten Speck hinzu. Knete alles ordentlich. Fülle damit das Huhn. Erhitz das Huhn in Wasser, Essig und Wein, damit die Füllung hart wird. Steck es auf einen Spieß und begieße es ab und zu mit der Brühe.«

Im vorindustriellen Zeitalter wurden Tiere in den Monaten Oktober und November geschlachtet. Der Grund ist ein relativ einfacher: Die Tiere sollten nicht durch den Winter hindurch gefüttert werden, wo das Futter knapp war. Der Martinstag am 11. November, an dem eine Gans verspeist wird, hat hier seinen Ursprung.

Während man heutzutage alles essen darf, solange man es sich nur leisten kann und nicht gegen die Bestimmungen des Tierschutzes verstößt, war es zu Zeiten, als der Adel und die Könige herrschten, so, dass die kulinarische Welt die gesellschaftlichen Zustände repräsentierte. Bestimmte Lebensmittel waren nur dem Adel vorbehalten, der wiederum nichts gegessen hätte, was ein Bauer zu sich nahm. So ließ Edward II. (1284–1327) den Stör zum »königlichen Fisch« erklären, den nur er verzehren durfte. Die Fischer, die die Flüsse voller Störe sahen und deren Fang ihren Lebensunterhalt gesichert hatte, durften von da an den Fisch nicht mehr anrühren. Dieses Phänomen findet sich auf der ganzen Welt; Kamelhöcker galten beispielsweise als große Delikatesse in China, die nur dem Kaiser erlaubt war zu essen.

Ein mittelalterliches Hausbuch gibt Tipps für den Einkauf von Hasen, die zu Kochzwecken nicht zu alt sein durften: »Du kannst das Alter eines Hasen an der Zahl der Löcher unter seinem Schwanz sehen, eins pro Jahr.«

Bei den Inka waren die großen Viehherden im Besitz des Staates, der genau auf das Schlachten und die Verteilung des Fleisches achtete. Da Familien über eine billige und zugängliche Fleischquelle verfügen wollten, hielten sie in großen Mengen Meerschweinchen. Die Spanier, die dies zum ersten Mal bemerkten, nannten die Meerschweinchen deshalb das »indianische Kaninchen«. Die Tradition hat sich gehalten. Auch heute werden jährlich noch etwa 65 Millionen von ihnen in Peru verspeist.

Die Athener der Antike aßen die gesamte Vogelwelt. Amsel, Drossel, Fink und Star …, alles landete auf dem Teller, sofern man dessen habhaft wurde. Nach einem alten Rezept wurden zum Beispiel in Schmalz gebratene Spatzen mit Rettich serviert. Aristoteles warnt in seiner *Untersuchung der Tiere* vor dem Verzehr einer bestimmten Eulensorte, die für den Magen unverdaulich war, aber abgesehen davon konnten der Feinschmecker und der Kochsklave auf dem Vogelmarkt alles erstehen. Es wurde allerdings davon berichtet, dass Verkäufer beispielsweise Drosseln mit Luft aufbliesen, damit sie fetter aussähen.

Pastete ist vom Teig umhülltes Fleisch, das man zuvor zu einer cremigen Substanz verarbeitet hat. Meistens benutzt man einen Fleischwolf oder einen Mörser dazu. Oft beinhaltete der Teigmantel bei den Festen der Adligen Überraschungen: Lebende Vögel flogen hervor oder Zwerge sprangen heraus. Bei dem 1568 gehaltenen Hochzeitsmahl von Herzog Wilhelm von Bayern (1548–1626) sprang der Zwerg des Herzogs in ritterlicher Rüstung samt Fähnlein aus dem Teigmantel. Pasteten bildeten den Höhepunkt eines Festes. Auf der enormen Pastete, die Philipp der Gute (1396–1467) reichen ließ, soll angeblich ein ganzes Orchester gespielt haben.

Lerchenpastete aus der französischen Stadt Pithiviers erfreute sich im 19. Jahrhundert großer Beliebtheit. Unter anderem essen die Helden aus Guy de Maupassants Erzählung *Pierre und Jean* im dritten Kapitel als kulinarischen Leckerbissen diese Pastete. Auch in der Philosophie wird sie erwähnt; und zwar als Beleg dafür, wie leicht man sich im Alltag irren kann: Ein Bäcker bietet seine Lerchenpastete an und behauptet, sie enthalte 50 Prozent Lerche und 50 Prozent Pferdefleisch. Auf Nachfrage stellt sich heraus, dass er dafür eine Lerche und ein Pferd verwendet hatte.

Was man im Lauf der Zeiten so alles »lecker« findet … Heinrich Münsinger lässt sich in seinem Ernährungsbuch (15. Jh.) beispielsweise über den Wohlgeschmack von Igellungen aus. Max Rumpolts frühes Kochbuch von 1581 kennt unter dem Stichwort »Kuh« sieben verschiedene Arten, den Kuheuter zuzubereiten (inklusive eines Rezepts für Kuheuter-Pastete). Das Kochbuch trumpft ebenso mit einem Rezept für gebackenen Frosch auf. Auch Anna Wecker beschreibt in ihrem Kochbuch von 1598 das Rezept für eine heute kaum appetitlich zu nennende Schneckenpastete.

Die Herkunft des Wortes »Karneval« ist noch nicht ganz vollständig geklärt. Vermutlich aber stecken in dem Ausdruck die lateinischen Worte *carne* (›Fleisch‹) und *vale* (›Leb wohl‹). Zusammengenommen ergibt das »Fleisch, leb wohl« und weist auf die am Ende des Faschings beginnende Fastenzeit und den Entzug von Fleischspeisen im Mittelalter hin.

Die Amerikaner nennen den heimischen Truthahn »turkey«, also »Türkei«. Die Gründe hierfür sind nicht ganz klar. Vielleicht weil der Kopf des Truthahns Ähnlichkeit mit der Uniform der Türken der damaligen Zeit hatte – oben blau und an den Schultern rot –, vielleicht weil sein Ruf einem »turk turk« ähnelt oder vielleicht, weil er zuerst von türkischen Händlern nach England geliefert wurde. Die Franzosen nennen ihn dagegen »Coq d'Inde« (Indischer Hahn), in Deutschland wurde er nach seiner Einführung zuerst »Calcutischer Hahn« (Hahn aus Kalkutta) genannt, obwohl das Tier nur in Amerika zu finden war. Immerhin kommt dem Truthahn eine besondere Ehre zu, denn gebratenes Truthahnfleisch war die erste Mahlzeit, die je auf dem Mond gegessen wurde.

Dass Religion nicht an der Tür zur Küche Halt macht, ist nichts Unbekanntes. Zahlreiche Speisevorschriften legen darüber Zeugnis ab. Aber auch ganze Rezepte wurden im Mittelalter als »heidnisch« deklariert – nachzulesen im *Buch von guter Speise* (1350) –, wenn ihre Zubereitung unchristlich erschien. Meistens waren dies Rezepte mit Fleisch, wie der »Heidnische Kuchen«, in dem Fleisch und Äpfel vermischt gebacken wurden. Genauso unchristlich schien das Rezept zu sein, das als »Heidnisches Haupt« betitelt ist, das aus einem mit Safran und Eiern glacierten Kalbskopf bestand, in dessen Mund man eine Hühnerfleisch-Apfel-Mischung gefüllt hatte. Wie spannend muss es damals gewesen sein, ein solch unchristliches Gericht zu essen.

Für das Verständnis der Rolle, die Fleisch auf dem Speisezettel früherer Zeiten spielte, muss man wissen, dass Fleisch meist viel billiger war als Gemüse. Um 1500 kosteten in Neapel 300 Gramm Fleisch etwa zwei Soldi, eine Artischocke kostete 2,5 Soldi und ein Chicoree 4 Soldi. Auch Eier, je nach Jahreszeit, waren nicht billig. Ein Dutzend kostete im Juni 5 Soldi und 12 Soldi im Dezember. Kein Wunder also, dass damals »fleischlastig« gekocht wurde.

Nach 1400 nimmt der Fleischkonsum langsam, aber kontinuierlich ab. Vermutlich weil die Bevölkerungszahl, die wegen der Pest in Europa stark geschrumpft war, erneut so angewachsen war, dass sich die Menschen jetzt wieder um die arbeitsintensive Landwirtschaft kümmern konnten. Langsam erkannte man die Vorteile des Getreideanbaus. Ein Feld konnte zehnmal mehr Menschen durch den Ernteertrag ernähren, als wenn die gleiche Fläche durch Viehzucht genutzt wurde. Die Bevölkerung in Europa wuchs, und die Zahl der ertragbringenden Äcker nahm ebenfalls zu.

Der Getreideanbau aber hatte seine eigenen Risiken. Man schätzt, dass es in Florenz zwischen 1375 und 1791 über hundert Missernten gegeben hat. Hungersnöte quälten und dezimierten in unvermeidlicher Regelmäßigkeit die Bevölkerung. Ostpreußen verlor die Hälfte seiner Menschen durch eine Missernte zu Beginn des 18. Jahrhunderts, und 1770 starb eine viertel Million Menschen in Böhmen an Unterernährung. Erst als wissenschaftliche Erkenntnisse die Nutztierhaltung im späten 19. Jahrhundert wieder ökonomisch machten und sich die Massentierhaltung durchsetzte, drehte sich der Trend im Fleischkonsum wieder. In Deutschland betrug die jährliche Menge an verzehrtem Fleisch 1816 pro Person: 13,6 kg; 1840: 21,6 kg; 1892: 32,5 kg; 1907: 46,2 kg, 1932: 52,3 kg.

Wenn Deutsche grillen, dann wird das Fleisch vergleichsweise schnell über einem offenen Feuer gegart. Beim amerikanischen Barbecue dagegen wird es sehr langsam, über längere Zeit hinweg, bei kleiner Flamme gegrillt. Das hat seinen Ursprung in der Wildwest-Zeit um 1800, in der die Cowboys während ihrer Tätigkeit als Viehhirten vom Rancher sehr schlechtes Rindfleisch erhielten (das gute war für den Verkauf bestimmt). Um dieses Fleisch genießbar zu machen, musste es behutsam mehrere Stunden gegrillt werden.

Woher das Wort »Barbecue« übrigens stammt, ist unklar. Es könnte sich um ein Wort aus der Indianersprache handeln und einen Grill bezeichnen. Andere vermuten, es leite sich aus dem Französischen her, *barbe a queue* (›vom Bart bis zum Schwanz‹), und deute darauf, dass Tiere oft im Ganzen gegrillt wurden.

Fleisch zu grillen (oder zu braten) ist, was den Geschmack angeht, nicht die optimale Methode. Der Zeitpunkt, an dem das Fleisch am saftigsten ist, stimmt nämlich nicht mit demjenigen überein, an dem das Fleisch am weichsten ist, wenn durch den Einfluss der Hitze die Zellwände zusammenbrechen und Bratensaft austritt. Leider sind die langen Fasern, die das Fleisch zäh machen, zu dem Zeitpunkt noch fast intakt. Wenn man weiter Hitze zuführt, wird das Fleisch endlich weich, weil sich die langen Fasern in kurze verwandeln, aber der Saft ist dann verdunstet; das Fleisch ist also trocken. Der richtige Weg, mit Fleisch umzugehen, ist genau genommen, es nicht zu grillen oder zu braten, sondern es im Ofen unter kontrollierter Temperatur vorsichtig zu garen (was natürlich Zeit benötigt). Heston Blumenthal (geb. 1966), zur Zeit einer der besten Köche der Welt, gart Fleisch bei 60 Grad bis zu 24 Stunden lang.

Der *Döner Kebab* (übersetzt ›Drehender Braten‹) ist zwar seit langem ein Gericht der Türkei, doch serviert man ihn dort auf einem Teller mit Salat. Die Idee, ein an deutsche Essgewohnheiten angepasstes »Dönersandwich« zu kreieren, hatte Mehmet Aygün. Diesen Döner verkaufte er zum ersten Mal in seinem am 14. März 1971 in Berlin eröffneten Lokal.

Cordon bleu (›das blaue Band‹) war ursprünglich ein Orden, den der französische König Heinrich III. (1551–1589) im Jahre 1578 für herausragende Dienste gestiftet hatte. Diese Auszeichnung wurde sprachlich zuerst auf exzellente Köche übertragen, und danach wurde auch ein Stück Fleisch von besonderer Qualität als »Cordon Bleu« bezeichnet. Das Schnitzel »Cordon bleu« ist ein mit Käse und Schinken gefülltes, paniertes Schnitzel vom Kalb.

Von Ludwig XVIII. (1778–1846) wird berichtet, dass er allein durch Riechen an einem Hasenbraten bestimmen konnte, aus welchem Teil Frankreichs der Hase stammte.

Wie anders wurde im 17. Jahrhundert mit Fleisch umgegangen. Martin Wintergerst erzählt in seinem Reisebericht von Italien, dass Metzger die Schweine- und Rinderhälften zum Verkauf aushingen. Die Vorderseite wurde mit Blut bestrichen, dann wurden dekorative Blumen hineingeschnitten, aus denen das Fleisch hervorleuchtete. Die Rückseite strich der Metzger mit Goldfarbe ein, damit es dort attraktiv schimmerte.

Wiener Schnitzel, das Original aus Kalbfleisch, war schon ab dem 15. Jahrhundert an adligen Höfen Norditaliens zu haben, von wo die Zubereitung dann nach Wien gelangte. Gemäß der mittelalterlichen Kochkultur wurde Fleisch mit Goldstaub »veredelt«. Das Vergolden von Speisen wurde 1514 verboten, also suchten die Köche Ersatz und fanden ihn in Semmelbröseln, die ebenso gelb leuchteten wie vorher das Gold. Allerdings wurde bis ins 17. Jahrhundert Goldstaub unter die Semmelbrösel gerührt, da das »Wiener Schnitzel« als Festtagsgericht galt und im Empfinden der Köche entsprechend auftreten sollte.

Der große Essenskritiker des beginnenden 19. Jahrhunderts, Jean-Anthèlme Brillat-Savarin (1755–1826), wurde im Laufe der Jahre zu dick. Der Doktor riet ihm, eine Körner-Diät zu machen. Doch kurze Zeit später ertappte er seinen Patienten dabei, wie er ein ganzes Huhn verspeiste. »Ich esse doch Körner«, verteidigte sich Brillat-Savarin, »dies Hühnchen hier hat sein ganzes Leben nichts anderes als jene gegessen. Es besteht also ganz aus Körnern.«

Der österreichische General Raimund Montecuccoli (1609–1680) ließ sich von seinem Koch an einem Freitag ein fleischloses Omelett zubereiten, so wie es die katholische Kirche vorschrieb. Doch als der Teller vor ihm stand, schnitt er sich heimlich etwas Schinken darüber. Plötzlich donnerte es von draußen, da sich ein nahender Sturm ankündigte. Montecuccoli stand auf, öffnete ein Fenster und warf das Omelett hinaus. »Was für ein Lärm wegen eines bisschen Schinkens«, knurrte der General.

Das gepökelte und leicht geräucherte Schweinefleisch »Kasseler« hat seinen Namen nicht von der hessischen Stadt Kassel, sondern von dem Berliner Metzger Cassel, der Ende des 19. Jahrhunderts tätig war.

Die meisten japanischen Züchter des Kobe-Rinds halten sich nur fünf bis sechs Tiere und leben vom Verkauf derselben. Die Haltung ist maximal aufwändig, schon daran zu erkennen, dass die Rinder ein bis zwei Stunden täglich massiert werden. Nicht nur werden sie einer besonderen Diät unterzogen, sondern auch während der Massage mehrmals mit japanischem Reiswein eingesprüht. Zusätzlich bekommt das Tier jeden Tag zwei Flaschen Bier zu trinken. Das Fleisch ist so von einer extrem feinen Marmorierung und damit das teuerste und exklusivste Rindfleisch der Welt. Ein Kilo kostet etwa 400 Euro (2007).

Früchte

Nach dem Verzehr von Kirschen sollte man einige Zeit nichts trinken, so zumindest der häufig wiederholte Ratschlag. Das gilt für die heutige Zeit nur noch in Bezug auf die gegessene Kirschenmenge (mehr als ein Kilo). Früher waren die hygienischen Verhältnisse schlechter, so dass überreife Kirschen zusammen mit Wasser und den darin enthaltenen Keimen den Magen aufblähten. Eine größere Qualitätskontrolle von Früchten und des Wassers vermindert diesen Effekt heutzutage wesentlich.

Die Herkunft der Orange lässt sich an ihrem alternativen Namen »Apfelsine« ablesen. Jemand, der beispielsweise die chinesische Kultur und Geschichte studiert, ist ein »Sinologe«; daraus abgeleitet ist die Apfelsine also ein Apfel, der aus China kommt. Das in Süddeutschland benutzte Wort »Orange« hat sich zwischenzeitlich gegen das nördliche »Apfelsine« durchgesetzt, da die Frucht »französiert« einfach besser klingt.

Dass Kalifornien als Land der Orangen gilt, liegt daran, dass die spanische Krone in den Jahrzehnten nach Kolumbus jedem Seefahrer hundert Orangenkeime mitgab, um sie in Kalifornien anzupflanzen. In jener Epoche hatten nämlich die Portugiesen noch das Monopol beim Handel mit Orangen, die sie aus Indien bezogen. Spanien wollte in das Orangengeschäft einsteigen und sah

Kalifornien als geeignetes Anbauland an. (Heute produziert Brasilien weltweit die meisten Orangen; Stand 2006.)

Einer Serie von Glücksfällen verdankte die Navelorange ihre Existenz. In einem Kloster in Brasilien ereignete sich 1870 an einem Baum eine Mutation. Der Gouverneur von Brasilien schickte als Geschenk davon drei Ableger nach Kalifornien. Eliza Tibbets (1825–1898), eine Züchterin, bekam die drei Setzlinge in ihre Hände und pflanzte sie in Kalifornien auf ihrem Grundstück ein. Zwei der drei gingen ein, aber der dritte gedieh und trug Früchte. Von diesem einen Baum leitete sich eine der beliebtesten Orangensorten her, die größer als andere Orangen ist, und außerdem keine Kerne besitzt.

Die Erdbeere ist schon seit der Antike in Europa bekannt; allerdings gab es zur damaligen Zeit und durch das ganze Mittelalter hindurch nur die kleinfruchtige Walderdbeere. Sie spielte in der europäischen Küche lange keine große Rolle und wurde vor allem als Dekorationsobjekt benutzt.

Erst durch Kreuzung der großfruchtigen amerikanischen Scharlach-Erdbeere mit der Chile-Erdbeere entstand im Jahre 1750 die heutige Gartenerdbeere. Diese wurde schließlich auch von den Gourmets entdeckt. So schreibt ein amerikanischer Feinschmecker im Jahre 1838: »Die Erdbeere ist nur für einige Augenblicke perfekt reif. In diesen kurzen Momenten muss sie gepflückt werden, um ihren Geschmack ganz zu entfalten.«

Die in unseren Supermärkten vornehmlich verkaufte Erdbeersorte »Elsanta« ist besonders lagerungsfähig und gegen Krankheiten resistent. Sie hat aber im Vergleich zu anfälligeren Sorten praktisch gar keinen Geschmack.

Brombeeren haben nichts mit dem chemischen Element Brom zu tun, sondern der Name leitet sich vom altdeutschen Wort für Dornbeere *bramo-beri* ab. Die Wortherkunft der Himbeere ist eigenwillig, denn »Him-« geht auf das ältere Wort *Hinde* (›Hirschkuh‹) zurück. Die Erklärung der Sprachwissenschaftler hierfür ist, dass sich Hirschkühe besonders gern hinter Himbeersträuchern versteckten.

Bei einer Banane handelt es sich um eine Beere. Das Wort kommt aus dem Arabischen, wo *banan* ›Finger‹ bedeutet. 1627 wurden zum ersten Mal in London Bananen öffentlich ausgestellt. Sie lösten einen großen Menschenauflauf aus, und alle standen um die gelben, krummen Früchte. Bis in die 60er-Jahre des 20. Jahrhunderts wurden Bananen der Sorte »Gros Michel« nach Europa eingeführt. Durch die Panama-Krankheit (ein Bodenpilz) wurde diese Sorte fast ganz ausgerottet. Als Ersatz importierte man die deutlich an Geschmack ärmere »Cavendish« nach Deutschland. Wer einmal in einem Erzeugerland eine der zahlreichen Bananensorten probiert hat, weiß, wie bescheiden unsere Bananen im Vergleich dazu schmecken. Immerhin existiert ein Qualitätskriterium: Es gibt eine europäische Bananenverordnung, die verlangt, dass eine Banane der Güteklasse 1 mindestens 14 Zentimeter lang sein muss.

Dass die Banane politische Bedeutung hat, sah man an den in der DDR ständig fehlenden Früchten. Während einigen westeuropäischen Ländern nach dem Zweiten Weltkrieg noch Kolonien zur Verfügung standen, aus denen sie billig Bananen beziehen konnten, war das für die zwei deutschen Staaten anders. Konrad Adenauer setzte in den Römischen Verträgen von 1957 aber durch, dass Bananen zollfrei nach Westdeutschland eingeführt werden dürfen, was ihren Preis drastisch verringerte.

Als Otto Schily nach dem Mauerfall von 1990 gefragt wurde, warum die Wahl von der CDU und nicht von der SPD gewonnen worden wäre, zog er eine Banane aus der Tasche, hielt sie dem verdutzten Reporter vor die Nase und sagte: »Deswegen!«

Witz aus der ehemaligen DDR: Warum ist die Banane krumm? Weil sie einen großen Bogen um die DDR macht.

Welches europäische Land produziert die meisten Bananen? Überraschenderweise ist es Island, das gar nicht so weit entfernt von der Polarkappe Bananen züchtet und erntet. Das heiße Wasser, das nicht nur für die Geysire verantwortlich ist, erwärmt größere Bodenflächen im Norden des Landes und ermöglicht den Anbau dieser Früchte.

Bananenstauden können gehen. Sie haben keine feste »Zentralwurzel«, sondern ein loses Wurzelwerk, das sich nach dem Licht ausrichtet. So kann es vorkommen, dass eine Bananenstaude bis zu 15 cm pro Jahr in Richtung der Lichtquelle wandert. Die Bananen selbst hängen nicht, so wie sie im Laden liegen, an der Pflanze. Sie wachsen nach oben dem Licht nach, weswegen ja auch die Banane krumm ist.

Oliven vom Baum gepflückt schmecken bitter und je nach Geschmacksempfinden sehr intensiv. Das kommt von dem Bitterstoff Oleuropein. Um diesen zu entfernen, legt man die Oliven eine Zeit lang in eine Lauge aus Natriumhydroxid. Den Oliven aus Griechenland wird oft dieser Bitterstoff nicht entzogen, während das Verfahren bei spanischen oder amerikanischen immer angewendet wird (weswegen die griechischen Oliven die geschmacksstärksten, aber bittersten sind, während die letzteren zwei mild schmecken).

Die Kiwi bekam ihren Namen erst spät. Ursprünglich wurde sie als »chinesische Stachelbeere« in alle Welt exportiert. Zu Zeiten des Kalten Krieges wollte aber niemand eine Frucht kaufen, die aus einem kommunistischen Land stammte. Man taufte sie also in »Kiwi« um; durch die Namensidentität mit dem neuseeländischen Wappenvogel glaubten nun alle, die Frucht hätte in Neuseeland ihre Heimat.

Wenn man von »Napoleons Butterbirne« spricht, dann handelt es sich nicht um eine Beleidigung des gescheiterten Feldherrn, sondern um eine Birne, die 1803 von ihrem Züchter, dem Gastwirt Liart, so benannt wurde (sie ist nicht identisch mit »Napoleons Schmalzbirne«). Sie ist nur eine aus einer unglaublichen Sortenvielfalt. Das *Illustrierte Handbuch der Obstkunde* von 1860 nennt gleich 260 Birnenarten, die man verspeisen kann. Das Buch *Deutschlands Obstsorten* (1903) zählt 300 Obstsorten auf, die es damals in Deutschland noch gab. Aber auch schon die Römer unterschieden 25 Apfelsorten und 38 Birnensorten. Im 18. und 19. Jahrhundert züchteten die Bauern mit schier unendlicher Lust neue Sorten. Von den weltweit 7000 Apfelsorten und vielen tausend Birnensorten, die es gibt, entstanden die meisten in dieser Zeit.

Aus dem Namen lässt sich beim Obst oft nur schwer die Sache selbst herleiten. Beim »Geflammten Kardinal«, »Geheimrat Dr. Oldenburg«, »Ruhm aus Vierlanden«, der »Ananasrenette« oder bei der »Berliner Schafsnase« handelt es sich um Äpfel. Manche Namen mag man als unglücklich bezeichnen: »Doktor Knorpelkirsche«, »Frauenschenkel«, »Kuhfuß« und »General Totleben« (Birnensorten). Insgesamt lässt sich aber resümieren, dass der Supermarktbesucher, der lediglich aus fünf bis zehn Birnensorten wählen kann, sich in keiner Weise der Vielfalt des Obstes bewusst ist.

Die glamouröse Welt der Oper beeinflusste auch die Kochkunst, zumindest in der Namensgebung. Jacques Offenbachs 1864 uraufgeführte Oper *Die schöne Helena* inspirierte einen Koch zur Kreation der »Birne Helene«.

Fast alle Pflanzen enthalten Stoffe, die Tiere und Insekten davon abhalten sollen, sie zu fressen. Salate enthalten Goitrin, das die Jod-Aufnahme behindert, Muskatnuss giftige Öle, die Halluzinationen hervorrufen (der Jazzmusiker Charlie Parker berauschte sich regelmäßig an Muskat), Bohnen enthalten Lektine, welche die Bauchspeicheldrüse zur Überfunktion anregen, aber auch vor den Kernen einiger Zitrusfrüchte muss man sich vorsehen. So lecker Pfirsiche und Aprikosen schmecken mögen, sind deren Kerne äußerst giftig. Sie enthalten das toxische Amygdalin, das im Kontakt mit Wasser Blausäure abspaltet. Die Ägypter richteten früher Gefangene mit gemahlenen Pfirsichkernen hin. Im 19. Jahrhundert fügte man bei der Spirituosenherstellung achtlos zerstampfte Kerne von Kirschen, Pflaumen oder Aprikosen in das Destillat, woraus dann wirklich schädlicher, weil giftiger Alkohol entstand.

Enrico Caruso (1873–1921) liebte gern ausführliche Mahlzeiten, die er in seinem Lieblingsrestaurant »Paganini's« einnahm. Dies hatte sich unter den Opernfreunden recht schnell herumgesprochen, und täglich warteten zahlreiche Menschen darauf, ihr Idol leibhaftig zu sehen. Caruso, der sich dieser Aufmerksamkeit nicht bewusst war, drehte stets eine enorme Menge Spaghetti auf seine Gabel und verschlang die Nudeln ohne zu kauen. Doch als er einmal einen ganzen Pfirsich in seinen Mund schob, hielten die Anwesenden die Luft an. Ein lauter »Klack« erlöste das Publikum, als der Pfirsichkern nach einigen Sekunden auf den Teller vor Caruso fiel.

Der Gesang der australischen Operndiva Nellie Melba (1861–1931) begeisterte den französischen Meisterkoch Auguste Escoffier (1846–1935) so sehr, dass er den »Pfirsich Melba« ihr zu Ehren schuf. Die Sängerin interessierte sich aufgrund ihres Übergewichts mehr für Diäten und für ihren Kaugummi, den sie beständig kaute, um ihre Stimmbänder feucht zu halten. Sie konnte sich leider nie so recht für den mit Himbeersauce überzogenen Pfirsich erwärmen.

Gemüse

Manchmal lassen sich ganze Kochtraditionen aus einem Wort ablesen. »Gemüse« leitet sich von »Mus« her, da früher das Gemüse gern zu Brei verkocht wurde. Das englische Wort *vegetable* dagegen kommt wie »Vegetation« von lateinisch *vegetus* (›belebt sein‹), das französische *légumes* von lateinisch *legere* (›sammeln‹).

Beinahe eine menschliche »Universalie« sind die vielen Märkte, die es zum Austausch von Nahrungsmitteln überall und immer gab. In einem unabdingbaren Zeitmaß hat sich die Bedeutung des Marktes für den Menschen auch niedergeschlagen. Eine Woche, so wurde es im alten Rom festgelegt, ist der Zeitraum zwischen zwei Gemüsemärkten. So lange dauerte es, bis der römische Bauer wieder heimgefahren war, neue Waren verpackt und wieder den Weg zum Verkaufsstand in der Stadt zurückgelegt hatte.

Im Januar 1998 wurde das 1. Wiener Gemüseorchester gegründet. Die Instrumente, die vor jedem Auftritt für das zwanzig Mann starke Orchester neu angefertigt werden müssen, bestehen aus geschnitztem Gemüse. Zu diesen zählen zum Beispiel das Gurkophon, die Paprikatröte, die Karottenflöte und die Rettich-Marimba. Am Ende eines Konzertes werden die Instrumente zu Suppe verarbeitet und dem Publikum zum erneuten Genuss serviert. In der Tat ist dies historisch gar nicht so abwegig, denn von den Indianern North Carolinas erzählt Thomas Harriot (1560–1621) in einem Bericht aus dem Jahre 1590, dass die Indianer Kürbisse ausgehöhlt, kleine Steinchen ins Innere gedrückt und einen Stock angesteckt hätten. Dieses »Instrument« wurde dann als Rassel bei verschiedenen Tanzdarbietungen eingesetzt.

Spinat kam aus dem persischen Raum um 1100 im Zuge der Ausbreitung des Islam nach Europa. Er setzte sich aber nur langsam durch, weil ihm im Mittelalter ein geringer Nährwert zugeschrieben wurde. Wenn er überhaupt Verwendung fand, wurden damals süße Speisen daraus zubereitet. Nicht zuletzt sagte man ihm gesundheitsfördernde Wirkungen nach. Er galt als Hausmittel gegen Husten (so erwähnt im *Tacuinum Sanitatis* aus dem 14. Jahrhundert).

Den Ruf, gesund zu sein, wurde Spinat nie mehr los. Nach einer bekannten Geschichte beging ein Chemiker am Ende des 19. Jahrhunderts einen Schreibfehler, als er den Eisengehalt des Spinats gemessen hatte, und setzte das Komma falsch. Ab diesem Zeitpunkt galt Spinat als besonders eisenhaltig (Eisen wird für die Blutbildung benötigt), und vor allem Kinder wurden mit Spinat traktiert. Im Ersten Weltkrieg gaben Ärzte den Verwundeten mit Rotwein vermischten Spinatsaft, um deren Blutverlust auszugleichen. Der Cartoonist Elzie Crislar Segar (1894–1938) tat sein Übriges zur Heroisierung des Spinats mit der Erfindung der Comic-Figur Popeye im Jahre 1929. Nicht ohne Erfolg, denn danach wurde der Absatz von Spinat in den USA um ein Drittel gesteigert.

»Wenn Popeye wirklich Eisen nötig hätte, dann sollte er lieber mal eine Dose verspeisen«, witzelte ein Ernährungswissenschaftler.

Kaiser Nero (37–68) liebte Porree (Lauch) so sehr, dass er einmal im Monat einen Porree-Tag einlegte; nicht zuletzt deswegen, weil er glaubte, Porree würde seine Singstimme verbessern. Das Volk nannte ihn dafür: »Porrophagus« (Porreefresser).

Über die antiken Ägypter urteilte der römische Dichter Juvenal wenig schmeichelhaft, dass Ägypten ein Land sei, welches Zwiebeln anbete. In der Tat hielten die Ägypter die ringförmigen Schichten der Zwiebel für ein Abbild des Baus des Kosmos. Zwiebeln wurden Mumien anstelle der Augen eingesetzt.

Den Potawatomi, einem Indianer-Stamm aus dem Norden der heutigen USA, war ein Ort bekannt, an dem besonders gute Zwiebeln und Knoblauch wuchsen. Die ersten weißen Siedler übernahmen bei ihrer Stadtgründung die indianische Bezeichnung für »Ort, an dem Zwiebeln wachsen«; er lautete in der Sprache der Einheimischen: »Chicago«.

Die US-Armee gab 1896 ein Handbuch für Truppenköche (*Manual for army cooks*) heraus. Neben einigen anspruchsvollen Rezepten enthält es auch Anweisungen, die man praktisch entwaffnend nennen möchte: »Der beste Weg, Spargel zuzubereiten, ist, den Spargel in der Dose zu kochen, indem man sie für zwanzig Minuten ins heiße Wasser legt. Danach wird die Dose geöffnet und der Inhalt vorsichtig auf den Teller geschüttet.«

Die Inka ernährten sich hauptsächlich von Mais und Kartoffeln. Während die Kartoffel bei ihnen als Arme-Leute-Essen galt, wurde der Mais verehrt und war Teil vieler religiöser Zeremonien. Welche Bedeutung der Mais in der Inkakultur hatte, lässt sich erahnen, wenn man seine zahlreichen Namen betrachtet. Hier eine Auswahl: Es gibt besondere Worte für Mais (*sara*), weichen Mais (*capia*), harten Mais (*muruchu*), weißen, gelben, grauen, violetten, roten Mais (*parakei, kellu, oque, culli, pucasara*), von Würmern zerfressenen Mais (*kutku sara*), verkehrt gewachsenen Mais (*ruti sara*), gekochten Mais (*moti*), gerösteten Mais (*campcha*), Maisbrei (*chulpi*), zerstoßenen Mais (*sara chanka*), gekochten und dann gefrorenen Mais (*chochoka*), eine Mischung aus Mais und Kalkmehl (*ishkupcha*), Teig aus gekochtem Mais (*sanku*) und Knallmais (*pisankalla*).

Artischocken wurden vom Römer Plinius dem Älteren (23/24 – 79) als »Monstrositäten der Erde« bezeichnet, auch Goethe bemerkte während seiner Italienreise, dass die »Italiener Disteln essen«. Der New Yorker Bürgermeister Fiorello LaGuardia verbot sogar die öffentliche Zurschaustellung und den Verkauf von Artischocken. Dies allerdings vor dem Hintergrund, dass die Mafia versuchte, von Artischockenhändlern Geld zu erpressen. Das alles hat jedoch nicht verhindert, dass Marilyn Monroe (1926–1962) zu Beginn ihrer Karriere im Jahr 1947 einen Schönheitswettbewerb gewann und zur »Miss Artischocke« (*Artichoke Queen*) gekürt wurde.

Es dauert ungefähr eine Minute, bis beim Schneiden einer Zwiebel das Enzym Alliinase und die schwefelhaltige Aminosäure Iso-Aliin durch Kontakt mit Sauerstoff in Propanthial-S-Oxid zerfallen und die Augen reizen. Zum Trost der Köche sei gesagt, dass auf die Tränendrüsen drückende Stoffe nicht nur Menschen ärgern. Frisst in Amerika eine Kuh eine Pflanze, die als Anamu (*Petiveria alliacea*) bekannt ist, kullern ihr die Tränen, und sie steht weinend auf ihrer Weide.

Als man 1999 das Grabtuch von Turin untersuchte, entdeckte man zum einen, dass es aus dem 8. Jahrhundert stammen könnte, und zum anderen, dass es sich bei der angedeuteten Dornenkrone auf dem Tuch um die Pollen der Distel Gundelia handeln müsste. Diese war im Mittelmeerbereich und im Nahen Osten als Essen sehr beliebt. Die Wurzeln, die Blattspitzen und die ungeöffneten Blüten wurden auf den Märkten in Palästina überall angeboten. Gundelia schmeckt wie eine Mischung aus Spargel und Artischocke und wurde mit Fleisch zusammen frittiert.

Gartensalat erreichte erst im beginnenden 16. Jahrhundert die nördlicheren europäischen Länder. Heinrich VIII. (1491–1547) genoss am englischen Hof als erster Monarch Salat, wobei er dem Gärtner eine große Prämie zahlte, der vorgeschlagen hatte, die Salatblätter mit frischen Kirschen zu mischen.

Der Salat hat in Griechenland seine Heimat; er wurde aber nur mit Vorsicht und in kleinen Mengen verspeist, denn der Vorläufer des modernen Salats enthielt Lactucarium, ein Narkotikum, das mit Opium vergleichbar ist. Die Griechen aßen Salat am Ende des Essens, wenn gewünscht war, sanft in den Schlaf hinüberzugleiten. (Erst spätere Kreuzungen unterdrückten diese bedenklichen Nebenwirkungen.) Bis 1916 wurde »Salat-Opium« in den USA als Droge geführt und von Hippies in den 1970ern als legale Droge wiederentdeckt. Ein Arzt bemerkte unlängst: »Vernünftige Leute legen ihren Salat auf ihr Sandwich und fügen eine Tomate hinzu und rauchen ihn nicht in der Pfeife.«

E pluribus unum (lat.: ›Aus vielen ein einziges‹) war ein frühes Motto der Vereinigten Staaten. Es besagte, dass aus den dreizehn unabhängigen Kolonien durch die Gründung Amerikas ein einziges Land werden sollte. 1956 ersetzten die Amerikaner dieses Motto mit: »In God we trust.« Als man nämlich den Ursprung dieser Worte nachschaute, entdeckte man ein Gedicht mit Namen *Moretum*, das dem römischen Dichter Vergil (70–19 v. Chr.) zugeschrieben wird. Dort heißt es: »Color est e pluribus unum« (»Die Farbe aus vielen Dingen wird zu einer einzigen«). Es war Teil eines in poetischer Form geschriebenen Salatrezepts und besagt, dass man alle Zutaten so mischen sollte, dass aus vielen Zutaten eine optische Einheit entstehe.

Die Blätter des Löwenzahns galten bis ins 17. Jahrhundert in Italien und Frankreich als besonders beliebte Speise. Besonders dessen harntreibende Eigenschaft wurde geschätzt, was sich in der französischen Bezeichnung *pissenlit* für den Löwenzahn sprachlich niederschlug.

Knoblauch hatte in der Antike einen wenig schmeichelhaften Namen. Die Römer nannten ihn: »Die stinkende Rose«. Der Name ist nicht korrekt, denn es handelt sich dabei um ein Lilien- und nicht um ein Rosengewächs. Die Meinungen über Knoblauch waren stets geteilt. Shakespeare lässt im *Sommernachtstraum* eine Figur als guten Ratschlag anderen Schauspielern sagen: »Und, meine lieben Schauspieler, esst keine Zwiebeln und keinen Knoblauch, denn wir müssen guten Atem haben.« In Cervantes' *Don Quichote* steht: »Isst du Knoblauch, stinkst du wie ein Bauer.« Dagegen äußerte der französische Chefkoch des Hotel Ritz, Louis Diat (1885–1957), seine Meinung: »Ohne Knoblauch hätte ich keine Lust zu leben.« Nach einer arabischen Legende wuchs aus den Fußabdrücken des Teufels, der das Paradies verlassen hatte, Knoblauch. In der Gruselmythologie aber ist er Teil des Weißen Zaubers und kann Vampire fernhalten. Tibetanischen Mönchen ist es verboten, einen Tempel zu betreten, wenn sie Knoblauch gegessen haben. Knoblauch galt stets als Heilmittel. Noch im Ersten Weltkrieg verwendeten russische Sanitäter Knoblauchsaft, um Wunden zu desinfizieren.

Knoblauch, obwohl von manchen wegen des unangenehmen Geruchs gemieden, ist aus der modernen Küche nicht wegzudenken. Hier einige geflügelte Worte, die dies widerspiegeln: »Knoblauch ist das Ketschup der Intellektuellen«; »Nicht alle Gäste lieben Knoblauch, aber alle Köche«; »Knoblauch ersetzt zehn Mütter«; »Schalloten sind für Babys, Zwiebeln für Männer, aber Knoblauch ist für Helden«; »Mein Kochmotto ist: Knoblauch veredelt alles, außer Eis und Torten«; »Es gibt nur fünf Elemente: Erde, Feuer, Luft, Wasser und Knoblauch.«

Lange wollte niemand in Deutschland die als Rauke bekannte heimische Salatsorte essen. Ihr Geschmack ist bitter und liegt daher nicht jedem. Aber die Esskultur eines Landes ist stark davon abhängig, was als »in« empfunden wird. Als die Deutschen entdeckten, dass die Italiener gern mit Rucola kochen, verwendeten auch sie verstärkt diese leckeren Blätter und freuten sich, ihren kulinarischen Möglichkeiten etwas Neues hinzugefügt zu haben … hinter »Rucola« verbirgt sich aber nichts anderes als die lang verschmähte Rauke.

Das Wort »Tomate« geht auf den aztekischen Ausdruck *tomatl* zurück, was ungefähr ›plumpe Frucht‹ bedeutet. Genau genommen bezeichnete *xi-tomatl* die »normale« Tomate und *mil-tomatl* die der Physalis ähnliche »Tomatillo«. Die Spanier kümmerten sich wenig um den Unterschied der Vorsilben und nannten beide einfach Tomaten.

Die heute aus dem Speiseplan nicht wegzudenkenden Tomaten, die erst im Jahre 1522 von Mexiko und Peru nach Europa kamen, galten lange Zeit als giftig. Erst im 18. Jahrhundert entdeckte man, dass sie auch essbar sind. Der Botaniker Pietro Andrea Mattioli (1501 – 1577) beschrieb 1544 die Tomate wegen ihrer ursprünglich gelben Farbe als Erster als »Goldapfel« (*mala aurea*, daraus *pomodoro*).

Im 19. Jahrhundert kam eine größere Diskussion darüber auf, ob es sich bei Tomaten um Früchte oder um Gemüse handelt. Der Hintergrund hierzu ist nicht nur ein botanischer, sondern auch ein wirtschaftlicher, denn die Einfuhrzölle für Früchte waren deutlich geringer als für Gemüse. In den USA beschäftigte diese Frage sogar das Oberste Gericht, das zum Missfallen der Händler entschied, dass Tomaten als Gemüse zu gelten haben. Das Argument des Gerichtshofes lautete, dass man Tomaten stets als Beilage zu einem Essen isst (wie Gemüse), während Früchte als Dessert nach dem Essen verspeist werden.

Schon immer hat der Mensch versucht, durch Züchtungen die Natur zu verändern. Manchmal kommt es aus einer Laune der Natur heraus zu zufälligen Genvermischungen. Fast keine der Gemüse- und Fruchtsorten, die wir im Supermarkt finden, hat Ähnlichkeit mit der »wilden« Art, die man in der Natur antrifft. Die Apfelsorte, auf die vermutlich die heutigen Äpfel zurückgehen, ist für den Menschen ungenießbar; die rosafarbene

Süßkartoffel, die Kolumbus in Amerika e
eine ganz andere als diejenige Sorte, aus der
frites macht; auch die orangefarbenen
man sie heute kennt, wurden im Hollan
hunderts gezüchtet, davor waren Karotten rot,
oder schwarz.

Dass Karotten gut für die Augen seien, weil sie viel
Vitamin A enthalten würden, war Teil der britischen
Propaganda des Zweiten Weltkriegs. Die Luftwaffe hatte
für ihre Flugzeuge ein neues Nachtsichtgerät entwickelt.
Damit die Deutschen nicht von der neuen Erfindung
Wind bekommen, streuten sie aus, dass Wissenschaftler
herausgefunden hätten, dass die Augen durch Karotten-
konsum besser würden und ihre Flieger deswegen große
Mengen Karotten verzehrten.
    Wenn man aber ungefähr fünf Karotten und einen Li-
ter Karottensaft am Tag konsumiert, beginnt sich die
Haut durch das Karotin orange zu verfärben. So spart
man sich das Geld für das Solarium.

Bis ins 16. Jahrhundert hielt man die Schalen von Erbsen
für ungesund. So wurde oft jede einzelne der grünen
Kügelchen in mühevoller Kleinarbeit von ihrer Schale
befreit.

Pflanzen haben im Verlauf der Evolution Abwehrstoffe
entwickelt, um nicht gefressen zu werden. Forscher
schätzen, dass man täglich ein Gramm der vom Gemüse

...uzierten »Pestizide« zu sich nimmt. Einige Sorten ...rstärken diesen Effekt noch: Sie beinhalten Stoffe, die den Verdauungsvorgang unterbrechen. Wenn sich ein Tier nur von rohen Sojabohnen ernähren würde, würde es einen rapiden Gewichtsverlust erleiden, da die Sojabohnen die normale Funktion der Bauchspeicheldrüse behindern. Die in Amerika beliebte Lima-Bohne geht weniger zart mit ihren Essern um. Sie enthält Blausäure, die schwere Vergiftungserscheinungen und auch Todesfälle verursachen kann. Durch Kochen »wäscht« man viele dieser unverträglichen Stoffe heraus.

Pilze wurden von den Menschen schon immer verzehrt. Trotzdem bildeten sie keine wichtige Nahrungsquelle, schon deshalb, weil stets eine Vergiftungsgefahr mit ihnen einherging. Ihr Aufstieg begann im 17. Jahrhundert. In stillgelegten, kühlen Bergwerksstollen vor Paris baute man sie zum ersten Mal gezielt an. Der Grund dafür war eine verstärkte Nachfrage, und diese wiederum lag in der größeren Bedeutung des Gemüses auf dem Speiseplan der Menschen. Pilze enthalten Glutaminsäure, aus der sich der Geschmacksverstärker Glutamat bildet. Im Ergebnis: Pilze verstärken den Geschmack von Gemüse.

Bei Trüffeln handelt es sich um unterirdisch wachsende Pilze. Diese waren schon den Griechen und Römern bekannt, die sie in einer Marinade aus Ingwer und Zimt einlegten. Allerdings wurden Trüffel im Mittelalter nicht mehr gegessen. Die Sucht nach Trüffeln setzte erst wieder in der Neuzeit ein.

Die Trüffelschweine, die sie ausfindig machen sollen, sind meistens weiblich, denn dem Pilz entströmt der Sexuallockstoff des Ebers. Wenn das weibliche Suchschwein eine Trüffel findet, muss man es ihr sofort wegnehmen, weil sie sie fressen würde. Das hat zum Einsatz von Hunden an ihrer Stelle geführt.

In der Antike benötigten die Griechen und Römer keine Tiere, um Trüffel aufzuspüren, sondern sie erkannten deren Position in der Erde an einer bestimmten Sorte Gras, die bevorzugt an diesen Stellen wuchs. Seit ungefähr dem Jahre 1900 war es möglich, Trüffelplantagen anzulegen, mit deren Hilfe man sich die Sucherei sparen konnte. Die meisten in Frankreich gelegenen Trüffelzuchten wurden während des Ersten Weltkriegs zerstört und nicht wieder aufgebaut. Die Trüffelbauern zogen es vor, sich lieber wild wachsenden Trüffeln zuzuwenden, nicht zuletzt, um die Preise hoch zu halten.

Für ein Kilo schwarze Trüffel muss man mehrere hundert Euro hinlegen (390 Euro: 2002; 1200: 2003; 900: 2004). Weiße Trüffel sind noch wertvoller: Deren Kilopreis liegt zwischen 3000 und 15000 Euro.

Obwohl Rhabarber gerne gegessen wird, ist er eigentlich aufgrund der enthaltenen Oxalsäure giftig. Das bekamen einige amerikanische Soldaten im Ersten Weltkrieg zu spüren, die wegen der Knappheit an Salat in größeren Mengen Rhabarber essen mussten. Immerhin hat er eine große Filmkarriere gemacht, denn wenn sich Statisten im Hintergrund einer Szene unterhalten müssen, während der Star seinen Text sagt, wiederholen sie immer wieder »Rhabarber – Rhabarber – Rhabarber«, um akustisch eine Unterhaltung vorzutäuschen.

Im Jahre 1839 zwang das englische Imperium mit militärischen Mitteln China zur Duldung des Opiumhandels. England hatte China mit Opium »überflutet«, das Wichtigste, was China nach England exportierte, war Rhabarber, das als probates Mittel gegen Verdauungsstörungen galt. Der chinesische Provinzgouverneur Lin-Zhe-Shou schrieb einen Brief an Königin Victoria, in dem er drohte: Wenn England nicht aufhöre, Opium nach China zu liefern, werde er den Export von Rhabarber stoppen und so – durch Verstopfung – ein Massensterben in England auslösen.

Das sogenannte »Rhabarber-Dreieck« liegt in West Yorkshire in England. Auf einem Gebiet von ungefähr 15 Quadratkilometern werden 90 Prozent des weltweiten Bedarfs an Winter-Rhabarber hergestellt. Das Besondere ist, dass die Gemüsepflanze in dunklen, beheizten Räumen angepflanzt wird. Da so der Rhabarber keine Energie für die Ausbildung von Blättern braucht, wächst er so schnell, dass man – nach Aussagen von Ohrenzeugen – ihn wachsen hören kann.

Gewürze

Oft ist man sich nicht bewusst, wenn man an die Römer denkt, dass sie im regen Handelskontakt mit den Indern standen, von denen sie Pfeffer, Ingwer, Safran, Kardamom und Zimt bezogen. Durch den Feldzug Alexanders des Großen (356–323 v. Chr.) war Indien ins Bewusstsein der antiken Welt gerückt. Im Jahre 116 v. Chr. wurde ein schiffbrüchiger Inder aufgelesen, und dieser verriet dem ägyptischen König Ptolemäus VIII. (182–116 v. Chr.) den besten Seeweg nach Indien. Der König rüstete daraufhin ein Schiff aus und gab Eudoxos von Cyzicus den Auftrag, in das ferne Reich zu segeln. Dieser brachte Parfum, Gewürze und andere Schätze zurück.

Die Römer legten etwas später in Ägypten eigene Häfen an, deren Aufgabe es war, Waren aus Indien abzufertigen. Hippalus gelang es um 50 n. Chr., durch Beobachtung das Einsetzen des Monsuns vorauszusagen. So segelten die Römer in nur siebzig Tagen von Ägypten nach Indien. Damit konnten sie das Handelsmonopol der Araber unterlaufen, die vorher die Gewürze Asiens nach Europa eingeführt hatten. Da die Inder wiederum mit den Chinesen in Handelskontakt standen, war es den Römern sogar möglich, Gewürze aus China zu beziehen.

Die Küche Roms veränderte sich durch die exotischen Gewürze, die zwar teuer, aber verfügbar waren. Sie wurden »schick« und ein Zeichen des Wohlstands. Die

Römer rieben z. B. ihre Tische mit Minze ein, bevor die Gäste kamen, damit sie angenehm dufteten.

Pfeffer wurde zum unentbehrlichen Alltagsgewürz, das selbst über süße Nachspeisen gestreut wurde. Apicius zählt in seinem römischen Kochbuch 47 Gewürze auf, die eine Küche haben müsse, »damit es ihr an nichts mangele«. (Pfeffer und Liebstöckel waren die beliebtesten Gewürze, danach Kümmel und Koriander.) Von Rom aus verteilten sich die Gewürze in das ganze Imperium; selbst im entlegenen Britannien konnte man Zimt aus Kalkutta bekommen. Allerdings je nach Geldbeutel: Ein Pfund Pfeffer kostete vier Denar, ein Pfund Safran, je nach Qualität, zwischen 600 und 2000 Denar.

Die Römer liebten ein Gewürz mit Namen Silphium. Niemand weiß mehr so genau, um was es sich dabei handelte und wie es schmeckte. Es muss aber ganz trefflich gemundet haben, weil die Römer so gierig danach waren, dass die Pflanze, aus der dieses Silphium gewonnen wurde, 50 n. Chr. durch Übererntung ausstarb.

Ein gutes Essen war im Mittelalter zunächst ein Essen, das dem Esser eine Symphonie exotischer, lieblicher oder reizender Gewürze vorspielte. Die kopernikanische Wende, die das Sonnensystem der Speisen neu ordnete, kam in Italien 1460 durch das Buch *Libro de arte coquinaria* (*Buch von der Kochkunst*) von Martino da Como, Leibkoch von Papst Sixtus IV., und 1475 mit Bartolomeo Platinas Buch *De honesta voluptate* (*Von der anständigen Wollust*), in Frankreich im Jahr 1654 durch Nicolas de Bonnefons und sein Werk *Les delicaces de la campagne*, was allerdings nur das Ergebnis eines bereits länger vorhandenen Einflusses der italienischen Kochkunst war.

Die Neuerung, die die Welt veränderte, bestand in der Auffassung, dass ein Koch den Eigengeschmack einer Speise herausstellen soll, anstatt ihn mit Gewürzen zuzudecken. Vor Martino da Como und Bartolomeo Platina war es beispielsweise üblich gewesen, Fleisch erst zu braten und dann noch einmal zu kochen; eine Methode, an dessen Ende das Fleisch fast keinen Eigengeschmack hat. Um »neuen« Geschmack zu schaffen, wurde im Mittelalter nicht mit Gewürzen gespart: Pfeffer, Zimt, Kardamom, Ingwer, Galgant, Nelken, Muskatnuss, Safran durften in keiner anspruchsvollen Küche fehlen. In gewissem Sinne hatten Martino da Como und seine Nachfolger aber nur aus einer Not eine Tugend gemacht, denn durch die Eroberung Konstantinopels durch die osmanischen Truppen (1453) waren die Gewürze eine Zeit lang horrend teuer geworden.

Heute unvorstellbar, im Mittelalter normal: Zimt wurde als Fischgewürz verwendet (meist Hering mit Zimt). Zwar war der Anbau von Zimt den Europäern damals noch unbekannt, aber durch den Handel und Kontakt mit der arabischen Welt war es verfügbar (aber sehr teuer). Die Araber waren klug genug, vor den Europäern zu verbergen, woher sie ihren Zimt und andere Gewürze bezogen. Stattdessen erzählten sie ihnen, sie würden ihn von Inselmonstern erhalten. Allein der Weg zu den Fundorten der Gewürze sei mit schrecklichen Gefahren verbunden. Über die Gewürz-Insel Madagaskar würden gigantische Vögel wachen, die drei Elefanten auf einmal tragen könnten und Schiffe samt Seeleuten vernichteten. Scheinbar unter Lebensgefahr erworben, stieg der Wert des Gewürzes noch.

Ebenso typisch für den vermeintlich unheimlichen Ursprung des Zimts war folgende Geschichte, die ein gewisser Bartholomäus aus England berichtet: »Die Alten sagen, dass man Zimt in den Nestern von Vögeln findet, besonders von einem, den man den Phönix nennt. Man kann es nicht haben, es sei denn, es falle zufällig aus dem Nest.«

Die Herkunft von Gewürzen blieb für viele im Mittelalter dunkel. Zahlreiche Legenden rankten sich um den Ursprung der Gewürze. Schon der Römer Plinius (61/62 – um 113) hatte geschrieben, dass Pfeffer bei den Troglodyten zu finden sei. Die Troglodyten seien hässliche Ungetüme, ernährten sich von Fisch und keiner von deren Kindern vermochte anzugeben, wer sein Vater war. Der Kreuzfahrer Jean de Joinville (1224/25–1317) berichtete im Jahre 1250, dass die Ägypter am Abend Netze in den Wind hingen, die dann am Morgen mit Gewürzen gefüllt seien. Gewürze aber wüchsen an den Bäumen des Paradieses. Wenn diese durch den Wind herabgeschüttelt würden, verfingen sie sich, nach der Meinung Jean de Joinvilles, in den ausgehängten Netzen.

Arnold Schwarzenegger (geb. 1947) mag als d[...]
nator« bekannt geworden sein, der Römer M[...]
us (254–204) brachte es als »Salinator« zu sei[...]
ähnlicher Berühmtheit, denn er setzte gegen veh[...]
Widerstand durch, dass die Salzpreise vom römischen
Staat subventioniert wurden, so dass sich auch ärmere
Bürger Salz leisten konnten. Die erste große Straße, die
die Römer bauten, die Via Salaria, hatte keinen anderen
Zweck, als Salz in die Stadt zu bringen. Dies begründete
das römische Straßennetz, dessen Gesamtlänge, wie neulich ein Historiker ausgerechnet hat, die im heutigen Europa übertrifft, zumindest, wenn man die nichtstäd-
tischen Straßen zugrunde legt.

Für ein Kilogramm Safran müssen 150 000 Blüten des
Safran-Krokus gepflückt und verarbeitet werden. Jede
Pflanze bildet aber maximal drei Blüten aus. Kein Wunder also, dass Safran als edel galt und es in der Antike –
nach einer Aussage von Plinius dem Älteren (23/24–79)
– das am meisten gefälschte Gewürz war. Im Deutschland des 15. Jahrhunderts wurden Verbrecher, die un-
echten Safran anboten, mit dem Tod auf dem Scheiter-
haufen bestraft.

Ein in der Tat vielseitiges Gewürz: Im Mittelalter
färbte man Kirchenfenster damit, schon seit der Antike
Wolle, es wurde als Aphrodisiakum und gegen Kopf-
schmerzen eingesetzt, die Römer bestreuten Hochzeits-
betten mit Safran. Ganz unbedenklich ist er für den
Menschen jedoch nicht; ab einer Menge von 6 g kann Safran schwere Vergiftungserscheinungen auslösen. Deswegen wurde es auch als Abtreibungsmittel benutzt.

der Philosoph Gaston Bachelard (1884–1962) bemerkte treffend: »Die Eroberung des Überflüssigen regt die Gemüter mehr an als die Beherrschung des Notwendigen.« Die Gier nach Gewürzen trug zum Ende des Mittelalters und zum Aufbruch in die Neuzeit mehr bei, als es jedes andere Ereignis der Geschichte vermocht hat. Ihr Wert für die Europäer lässt sich an der Geschichte der sogenannten »Gewürzinseln« ermessen. Ferdinand Magellan (1480–1521) entdeckte die Gewürzinseln, ein Archipel in Indonesien. Von den fünf Schiffen mit zusammen 250 Leuten, die losgesegelt waren, erreichte nur ein Schiff mit 18 Mann wieder den heimischen Hafen (Magellan starb auf der Reise an einem vergifteten Indio-Pfeil). Dieses eine Schiff hatte aber 50 Tonnen Muskat und Gewürznelken geladen. Im Urteil der spanischen Zeitgenossen war die Expedition ein phänomenaler Erfolg und so lukrativ, dass man die Verluste an Mensch und Schiff verschmerzen konnte.

Anfang des 17. Jahrhunderts nahmen die Holländer die Insel Ambon der Gewürzinselgruppe in Besitz, indem sie die Portugiesen mit Waffengewalt vertrieben. Auf Ambon waren 90 Prozent der Gewürznelkenbäume zu finden. Um ihr Monopol zu festigen, zerstörten sie sämtliche auf anderen Inseln verbliebene Bäume.

Der Anthropologe George Frazer (1854–1941) beschreibt in seinem Buch *Der goldene Zweig*, wie auf den Gewürzinseln mit den Gewürznelkenbäumen umgegangen wurde. Grundregel war, sie wie schwangere Frauen zu behandeln. Niemand durfte laut sprechen oder in ihrer Nähe ein Geräusch machen. Weder durfte

Feuer nachts zu nah an ihnen vorbei getragen werden, noch durfte jemand einen Hut auf dem Kopf tragen. Denn wenn der Baum »in Stress« geriete, könnte er ja seine teuren Früchte abwerfen.

Bei der Krönung des deutschen Kaisers Heinrich VI. (1165–1197) im Jahre 1191 streute man geriebene Muskatnuss auf die Straße, die zur Kirche führte. Da Muskatnuss unerhört teuer war, beeindruckte die majestätische Verschwendung die Bevölkerung immens.

1667 glaubten die Holländer, ein gutes Geschäft zu machen. Sie tauschten von den Engländern eine kleine Insel mit Namen Run im ostindischen Archipel ein, auf der einige hundert Muskatnussbäume wuchsen. Die Briten erhielten dafür eine Insel, die Manhattan hieß.

Im 16. Jahrhundert galt die Muskatnuss als einzig zuverlässiges Schutzmittel gegen die Pest. Doktoren stopften in ihre finster aussehenden Pestmasken Muskatnuss, um sich so gegen die ansteckenden Dünste zu wappnen. Tatsächlich aber ist die Muskatnuss alles andere als ein Heilmittel. Bei Einnahme von großen Mengen erzeugt sie Halluzinationen, ähnlich denen beim Ecstasy-Konsum. Mediziner sprechen von einer Muskatnusspsychose. Die Überdosierung bewirkt eine ganze Reihe von Symptomen: von trockenem Mund, Fieber, erhöhtem Puls, Krämpfen bis hin zum Tod. Selbst als Mittel zur Abtreibung wurde die Muskatnuss in der frühen Neuzeit eingesetzt.

Wenn man unreife Trauben presst, bekommt man einen sauren Saft, den die Franzosen »Verjuice« nennen. Dieser rettete die Senfproduktion in Frankreich. Durch die neuen Gewürze aus aller Welt nahm das Interesse an dem im Mittelalter und auch später beliebten Senf stark ab. Jean Naigeon aus Dijon kam 1756 auf die Idee, den Essig, der bei der Herstellung der gelben Paste benötigt wurde, durch Verjuice zu ersetzen. Er schuf so den geschmacklich hochwertigen Dijonsenf und kurbelte die Senfindustrie in Frankreich an.

Die Speisewürze »Maggi« wurde von Julius Maggi (1846–1912) entwickelt. Maggi war der Sohn eines Italieners, der in die Schweiz eingewandert war (weswegen man seinen Namen »Madschi« sprechen könnte) und eine Lebensmittelfirma unterhielt. Hintergrund der Erfindung der Speisewürze Maggi war die Verelendung der Arbeiter in der zweiten Hälfte des 19. Jahrhunderts im Zuge der industriellen Revolution. Nicht nur aus rein moralischen Gründen, sondern auch aus dem Gefühl heraus, dass ungesunde Arbeiter weniger produzieren, überlegte man sich, wie man die Lage der Arbeiter verbessern könnte. Julius Maggi gelang es, einen Vertrag abzuschließen, durch den er berechtigt war, in die Kantinen sogenannte »Leguminosen« zu liefern – Hülsenfrüchte, die damals als besonders gesund galten. Da naturgemäß Hülsenfrüchte nicht besonders schmackhaft sind, würzte Maggi das einfache Arbeiteressen.

Die Menschen in der Antike und später im Mittelalter verwendeten sämtliche Gewürze keineswegs ausschließlich fürs Kochen. In der Regel wurden ihnen medizinische Wirkungen zugeschrieben (z. B. Estragon gegen Zahnweh) oder sie wurden für ein Aphrodisiakum (z. B. Anis, Ingwer, Zimt usw.) gehalten. Aber kein anderes Gewürz wurde so von seinem heutigen Zweck, die Speise zu würzen, entfremdet wie Thymian.

Die Sumerer benutzten es zur Wundreinigung. Im alten Ägypten stopfte man es in balsamierte Mumien. Die Römer nahmen Thymianbäder, um dessen angeblich sexuell stimulierende Wirkung zu nutzen. (Ebenso machten sie ihre Wohnräume durch Versprühen von Thymian duftend.) Da nach einer Legende Thymian aus den Tränen der schönen Helena entstanden sein soll, produzierten die Römer eine Vielzahl Kosmetikprodukte daraus. Im Mittelalter verbrannte man ihn in Schalen, um sich an dessen Dämpfen zu berauschen. Man legte Thymian unters Kopfkissen, um besser einschlafen zu können und um Albträume zu vertreiben. Da es Mut verschaffen sollte (das griechische Wort *thyme*, nach dem der Thymian benannt ist, bedeutet ›Mut‹), machten die Schotten vor der Schlacht einen Tee daraus, adlige Damen gaben ihren Verehrern Thymianzweige, damit sie freimütiger ihre Gefühle zeigten; wahrscheinlich aus der gleichen Begründung legte man Thymian auf den Sarg, damit dem Verstorbenen der Weg in die andere Welt erleichtert würde. Schließlich inhalierte man Thymian bei Erkältungen. Aber man kann auch einfach nur mit Thymian kochen.

Das altgriechische Wort für Fenchel war *marathon*. Die Stadt Marathon wurde ursprünglich nach dem Fenchel benannt, der in dessen Umkreis wuchs, so war es denn kein Wunder, dass auch die berühmte Schlacht von Marathon auf einem Fenchelfeld stattfand.

Meerrettich war im Mittelalter neben Senf das billigste Mittel, Essen zu schärfen (da Pfeffer recht teuer war). Etwas abwertend klingt der englische Name dafür *horse reddish* (Pferderettich), wobei vermutet wurde, es handele sich dabei um eine Fehlübertragung, bei der das altenglische Wort für Pferd *mare* (vgl. Mähre) akustisch an das deutsche Wort »Meer« angelehnt worden sei. Auch über die Bedeutung von »Meer« in »Meerrettich« wird gerätselt. Kommt es von »mehr«, wobei Meerrettich dann für »großer Rettich« steht; kommt es daher, dass der Rettich übers Meer kommt oder daher, dass er aus dem Gebiet Mähren stammt?

Eines der im Mittelalter recht teuren Gewürze war Anis. Eduard I. (1239–1307) besteuerte die Einfuhr von Anis nach London. Diese Steuer half mit, etwas zu bauen, was auch heute noch zu sehen ist: den Tower von London.

Dill galt als Beruhigungsmittel. Das altnordische Wort *dilla*, von dem es sich herleitet, steckt noch im englischen Wort *lull* oder im Deutschen »einlullen«, also schläfrig machen. Karl der Große (748–814) ließ bei seinen Festbanketten eine Schale mit Dill bereitstellen, damit die Gäste, die zu viel gegessen hatten und Schluckauf bekamen, mit Dill ihren Magen beruhigen konnten.

Estragon wurde erst um 1500 in Europa angebaut. Vorher bezog man es aus dem Orient, und es galt als Heilmittel gegen Zahnweh und Schlangenbisse. Die Wortbedeutung des ursprünglich aus dem Arabischen stammenden Wortes für Estragon (*tarkhum*) hört man im griechischen Ausdruck dafür nachklingen, *drakontion* – ›kleiner Drache‹ –; ebenso den lateinischen Namen *Artemisia dracunculus*. Grund hierfür: Die Wurzeln der Pflanze sind wie Drachenzähne geformt. Rosmarin dagegen hat eine friedlichere Wortwurzel, denn es bedeutet im Lateinischen ›Meerestau‹, weil es gern an böschigen Ufern wächst.

Petersilie: Der Name leitet sich aus dem Griechischen *petros* ›Fels‹ und *selinon* ›Sellerie‹ her. Man nannte sie »Felsensellerie«, weil die Petersilie gern in den Gärten der antiken Griechen neben Felsen wuchs. Im Mittelalter galt sie als Potenzmittel, weswegen man auch Straßen, in denen sich Bordelle befanden, Peterlesgässchen nannte.

Dass Sesam eine alte Kulturpflanze ist, sieht man an der berühmten Zauberformel »Sesam öffne dich«, die die Höhle mit Schätzen für Ali Baba öffnet. Dieser Zauberspruch existierte schon zu assyrischer Zeit (der Sesam hieß damals »Shamashammu«). Grund für diese Bedeutung ist wohl, dass das knackende Geräusch sich öffnender Sesamsamen wie das Öffnen eines Schlosses klingt.

Pfeffer war seit Tausenden von Jahren eines der begehrtesten Gewürze, aber auch eines der teuersten. Ein zu Boden gefallenes Pfefferkorn suchte man wie eine verlorene Münze. Im Mittelalter konnte vielerorts die Miete in Pfeffer bezahlt werden. In der Antike wurden Tributzahlungen in Pfeffer geleistet, und die Römer liebten den kostspieligen Pfeffer wie kein anderes Gewürz.

Aber auch der Westgoten-König Alarich I. (370–410) verlangte, nachdem er Rom eingenommen hatte, von den Römern die Auslieferung von einer Tonne Pfeffer. Und der Kirchengelehrte und Benediktinermönch Beda Venerabilis drückte auf dem Sterbebett seinem Lieblingsschüler einen Sack Pfeffer als einziges Erbstück in die Hand. Damals ein immenses Vermögen. Nicht ohne Grund nannte man die reichen Kaufleute des 15. und 16. Jahrhunderts wie die Fugger »Pfeffersäcke«, verdienten sie doch ihr – nicht geringes – Einkommen mit dem An- und Verkauf von Pfeffer.

Ingwer ist eines der ältesten Gewürze, die in Europa verwendet werden. Das Wort Ingwer kommt vom Sanskrit-Wort *stringa-vera* und bedeutet: ›Körper mit Horn‹. Im 13./14. Jahrhundert bezogen die Europäer dieses Gewürz von den Arabern. Ein Pfund Ingwer kostete so viel wie ein Schaf. Trotzdem war es neben dem Pfeffer das meistgehandelte Gewürz der damaligen Zeit. Seine Verbreitung war so immens, dass bis ins 19. Jahrhundert hinein in Gasthäusern neben Salz und Pfeffer auch Ingwer auf dem Tisch zum Nachwürzen bereitstand. In englischen Tavernen wurde sogar das Bier mit ginger (›Ingwer‹) bestreut, woraus später das Ginger Ale hervorging.

Was Gewürze scharf macht, sind chemische Stoffe auf Ölbasis. Deswegen kann man mit einem Glas Wasser die brennende Wirkung nicht mindern, da sich Öl und Wasser nicht mischen lassen. Um die an der Zunge und am Gaumen sich festsetzende Schärfe zu entfernen, braucht man ein Verdünnungs- oder ein Lösungsmittel. Milch oder hochprozentiger Alkohol funktionieren ganz gut.

Um das Maß der Schärfe eines Gewürzes messen zu können, entwickelte der Pharmakologe Wilbur Scoville (1865–1942) die Scoville-Skala. Dabei wird chemisch die Menge an Capsaicin gemessen, das die Schmerzrezeptoren der Menschen reizt. Peperoni haben 10–50 Scoville, Tabasco hat 3000, Jalapenas 8000, ein Pfefferspray zwischen drei und fünf Millionen und »Blair's 16 Million Reserve« – im *Guinness-Buch* als das schärfste Gewürz der Welt eingetragen – besteht aus reinem Capsaicin und hat die im Namen erwähnten sechzehn Millionen Scoville.

Scharfes Essen wird immer beliebter. Dabei war »scharf« ursprünglich ein Warnsignal, etwas nicht zu essen. Die Reaktionen des Körpers, das Gefühl des Brennens und die laufende Nase sollten uns von dem Genuss einer Speise abhalten.

Die ersten Engländer, die Curry probierten, beschrieben ihre Erfahrung so, dass sie das Gefühl hätten, hochprozentigen Alkohol oder glühende Kohlen zu schlucken. Zudem verwechselten sie das Tamil-Wort *kari*, das eigentlich ›Sauce‹ bedeutet, mit in der Sauce enthaltenen Gewürzen. Auch heute noch bezeichnet in Indien Curry ein beliebiges Fleischgericht, das in einer Sauce gereicht wird, wenn aber die Gewürzmischung gemeint ist, wird das Wort »Masala« benutzt.

Es sei nicht unerwähnt, dass einige meinen, bei dem Wort »Curry« handele es sich um ein rein englisches Wort. Das älteste britische Kochbuch stammt aus dem Jahre 1390 und wurde auf Veranlassung König Richards II. (1367–1400) unter Mitwirkung von 200 Köchen geschrieben. Der Titel des Werks lautet: *The Forme of Cury*, wobei sich »cury« von französisch *cuire* (›kochen‹) ableitet. Daraus entwickelte sich später das Wort »Curry«. Dazu passt auch, dass fast alle Gewürze, die zu einem guten Curry gehörten, bereits im Mittelalter benutzt wurden, lediglich nicht als Mischung. Auch war Curry bereits um 1780 in England zum ersten Mal käuflich erhältlich, zu einer Zeit also, in der die Kontakte mit Indien recht beschränkt waren.

Die Orchidee, aus der Vanille gewonnen wird, ist in Mexiko heimisch. Im 19. Jahrhundert entdeckte der belgische Botaniker Charles Morren (1807–1858), dass die

Pflanze nur von einer einzigen Art von Biene und einer Art von Kolibri befruchtet werden kann, weswegen es bis dahin unmöglich war, Vanille anderswo anzubauen als in Mexiko.

Ein Sklave mit Namen Albius war es, der auf die simple, aber effektive Idee kam, die Orchidee einfach von Hand zu bestäuben. Diese Methode war teuer, weil arbeitsaufwändig, aber ermöglichte den vergrößerten Anbau von Vanille. Man pflanzte die Orchidee auf den Komoren, auf Madagaskar und auf La Reunion an. Letztere trug früher den Namen Bourbon-Insel, woher die Bezeichnung Bourbon-Vanille stammt, die vielen Kennern als die beste Vanille gilt.

Als Coca-Cola 1985 ankündigte, ein »New Coke« herauszubringen, das künstliches Vanillin und nicht mehr echte Vanille enthielt, brach die Wirtschaft Madagaskars zusammen. Coca-Cola ist der weltweit größte Verbraucher von Vanille; zum Glück für Madagaskar war das »New Coke« ein Misserfolg.

Die Vielseitigkeit des Salzes für die Menschen spiegelt sich in zahlreichen Wörtern wider. Das lateinische *sal* (Salz) steckt in »Salat«, »Salami«, »Sauce« (über das spanische Wort für Sauce: *salsa*) und im englischen Wort *salary*, da früher den Soldaten (›Soldat‹ von *sal dare* [Salz geben]) der Sold in Form von Salz ausgezahlt wurde. Das westgermanische Wort für Salz *hall* hat sich in vielen Städtebezeichnungen gehalten wie Schwäbisch Hall, Bad Reichenhall, Halle usw.

Marco Polo (um 1254–1324) bemerkte bei seiner Reise an den Hof von Kublai Khan (1215–1294) überrascht, dass in einigen Provinzen Chinas Salz als Zahlungsmittel verwendet wurde (Papiergeld gab es aber bereits 1024 n. Chr.). Zu kleinen Blöcken geformt, hatte man sogar das Bild des Kaisers darauf gepresst. Das staatliche Monopol auf die Salzherstellung verhinderte, dass das »Salzgeld« gefälscht wurde.

Der Mensch verlangt nach Salz und mag kaum etwas essen, bei dem es fehlt. Trotzdem können die weißen Körner schädlich sein. Die tödliche Dosis Salz liegt – in Abhängigkeit von Alter und Körpergewicht – bei etwa 6 Esslöffeln.

Da Speisen durch Salz haltbar gemacht wurden, war das Nachsalzen am Tisch im Mittelalter in der Regel unnötig. An Tischen besonders reicher Adliger wurden trotzdem ab dem 13. Jahrhundert zum Nachwürzen kleine Salzkistchen aufgestellt. Salz mit den Fingern zu berühren galt übrigens als Unglücksbringer, es wurde daher mit der Messerspitze aus dem Kästchen gehoben. Im Jahre 1378 gab es am Hofe Karls V. (1338–1380) einen Eklat darüber, wo das Salzkistchen zu stehen habe, um der Etikette Genüge zu tun. Sollte es vor König Karl V. stehen oder vor dessen ebenso erlauchtem Gast, dem Kaiser Karl IV., oder gar vor dessen nicht weniger bedeutendem Sohn? Nach langem Hin und Her stellte man einfach drei Salzkistchen auf den Tisch.

Milchprodukte

In der Antike trank fast niemand Milch außer den Schäfern und den Bauern. Nicht dass man gegen die Milch Einwände hatte, nur war es ohne Kühlschrank praktisch unmöglich, sie frisch zu halten. Immerhin schätzten sie die Römer kurz nach der Stadtgründung Roms noch so sehr, dass sie den Göttern Milch statt Wein opferten.

Milch blieb auch bis ins 19. Jahrhundert hinein eine höchst verderbliche Ware. Von Malta, wo keine Kühe, sondern Ziegen gehalten wurden, berichtet eine Quelle, dass der Ziegenhirt an die Haustür kam, klopfte und fragte, wie viel Milch jemand wünsche. Diese Menge wurde dann – während der Kunde noch wartete – von den Ziegen der Herde gemolken. Frischer konnte Milch nicht sein, doch stellte dies die Ausnahme dar, denn meistens machte man lieber haltbaren Käse daraus. Die Bedeutung von Milch wuchs im Laufe der Geschichte, da die Anzahl der Viehherden zunahm. Sie blieb jedoch bis zu Louis Pasteur (1822–1895) ein Produkt, das mit Vorsicht zu genießen war.

Wie man aus Milch Joghurt herstellt, entdeckten bereits die Thraker zu Zeiten der antiken Griechen, die das Produkt in ihrer Sprache »dicke Milch« (*jog* ›dick‹ und *urt* ›Milch‹) nannten. Joghurt produzierten danach vor allem die Türken. Als König Franz I. (1494–1547) 1542 an Magenproblemen und Depressionen litt, verwies man ihn an einen in der Türkei lebenden Arzt. Dieser bestand darauf, mit seiner Herde und zu Fuß an den Hof in Paris zu kommen. Als der Arzt nach geraumer Zeit mit seinen Tieren in Paris ankam, kurierte er den reizbaren Magen von Franz I. mit bekömmlichem Joghurt. Der König war entzückt, aber der Türke war traurig, denn seine Herde starb durch das kalte Wetter in Paris. Verärgert verließ der Heiler den König und nahm das Geheimnis der Joghurtherstellung mit sich. Joghurt war erst wieder um 1900 in Europa zu haben.

Wie wenig Käse im frühen Mittelalter außerhalb der Klöster verbreitet war, zeigt eine Geschichte über Karl den Großen (748–814). Der König kehrte auf einer seiner Reisen zur Nacht in einer bischöflichen Residenz ein. Da er aber an einem Freitag kein Fleisch essen wollte und der Bischof keinen Fisch bereit hatte, setzte ihm der Kirchenmann einen Käse vor. Karl der Große wusste wenig damit anzufangen. Er zog sein Messer heraus und kratzte die dunkle Kruste des Käses ab und aß zögerlich nur das weiße, weiche Innere. Verärgert, aber sehr höflich wies ihn der Bischof darauf hin, dass man den Rand mitessen könnte. Vorsichtig probierte Karl der Große ein Stück davon: »Wunderbar, wunderbar, mein lieber Gastgeber«, rief er dann aber entzückt über den Geschmack, »schicke Er mir jedes Jahr zwei Kisten von diesem vorzüglichen Käse!«

Ein italienischer Müller namens Menocchio predigte im Jahr 1599 in seiner Heimatstadt Friuli. Er erklärte: »Am Anfang war alles Chaos, die Erde, die Luft, das Wasser und das Feuer. Und Gott mischte alles zusammen und machte daraus das Universum, wie man Käse aus Milch macht. Dann erschienen Würmer in dem Käse, und dies waren die Engel.« Die Kirche ließ den armen Müller verbrennen. Vielleicht missverstand sie die Richtigkeit seiner Ansichten nur, denn aus dem griechischen Wort für Milch *gala* stammt das Wort Galaxis und daraus das deutsche Wort »Milchstraße«.

Eselsmilch galt lange als die beste Milch, da sie durch ihre Zusammensetzung mit derjenigen von Muttermilch vergleichbar ist. Kleopatra nahm aus Schönheitsgründen Bäder in Eselsmilch. Die Griechen hielten sie für Medizin, die Römer betrachteten sie als ein Luxusgetränk. Besonders gesundheitlich gefährdeten Babys und Frühgeburten gab man im 19. Jahrhundert diese Sorte Milch. Dem Pariser Kinderkrankenhaus »Hôpital des Enfants Assistés« war seit 1880 ein Eselstall angeschlossen. Die Säuglinge zogen direkt an den Zitzen der Tiere. Ein Esel konnte drei Kinder für fünf Monate säugen.

Der Umgang mit Muttermilch war dagegen nicht immer auf Babys beschränkt. Ammen hatten in den Krankenhäusern des 17. und 18. Jahrhunderts den Auftrag, schwächliche, alte Menschen mit ihrer nahrhaften Muttermilch zu versorgen. Gesaugt wurde von den Patienten direkt an der Quelle.

1934 wurde in England die Schulmilch eingeführt. Jedem Schüler standen etwa 300 ml kostenlose Milch pro Tag zur Verfügung. Erstaunt stellte man 1939 fest, dass zwölfjährige Jungen im Durchschnitt 9 cm größer und fünf Kilo schwerer als ihre Väter im gleichen Alter waren. Seitdem ist Milch aus dem Schulbetrieb nicht mehr wegzudenken.

Nach einer Legende wurde Käse entdeckt, als ein arabischer Nomade die Idee hatte, Milch während seines Rittes in die Satteltasche des Pferdes zu leeren, um so durch die Wüste zu reiten. Nach einigen Stunden hielt er, weil er durstig war. Als er aber die Milch trinken wollte, war ein Teil der Milch zu einem käsigen Klumpen erstarrt. Die Satteltasche, die aus dem Magen eines Tieres gemacht war, hatte Enzyme freigesetzt und so den ersten Käse entstehen lassen.

Die 1761 geborene Marie Fontaine heiratete 1785 im Dörfchen Camembert Jacques Harel. Leider starb ihr Mann früh, und die Witwe Harel übernahm die kleine Käserei ihres Mannes. Doch unerfahren in dem Metier, produzierte sie nur Käse, den niemand kaufen wollte. Dann aber brach die Französische Revolution aus und am 23. August 1792 klopfte ein verfolgter, junger Priester, Abbé Gobert, an ihre Tür, der für einige Zeit um Unterschlupf bat. Der Priester kam aus einer Gegend Frankreichs, in der es guten Brie-Käse gab, und er kannte das Geheimnis von dessen Herstellung. Während vor der Tür des Hauses die Französische Revolution ihren Lauf nahm, verbesserte die Frau zusammen mit dem Priester ihr Käserezept. Und so entstand der Camembert.

Der Roquefort-Käse reift in den Höhlen von Comba-
lou, die in der südfranzösischen Gegend Rouergue
liegen. Es gibt eine Geschichte, wie dieser Käse zum
ersten Mal das Licht der Welt erblickte. Ein junger
Schäfer hatte sich in eine dieser Höhlen zurückge-
zogen, um sein Mittagsmahl, Käse und Brot, zu sich
zu nehmen. Als er eine hübsche Schäferin am Eingang
vorbeihuschen sah, ließ er alles stehen und liegen, um
der Schönen zu folgen. Nach einiger Zeit kehrte er
zurück und fand seinen Käse mit Schimmel überzo-
gen, der vom Brot gekommen war. Hungrig aß er den
Käse trotzdem und war überrascht, wie vorzüglich er
schmeckte.

Das italienische Wort für Käse »formaggio« hat seinen
Ursprung darin, dass die Molke zur Käseherstellung in
einen rechteckigen Kasten, italienisch *forma*, gegossen
wurde.

Die Stadt Würchwitz in Sachsen-Anhalt ist bekannt für
ihren Milbenkäse. Da Milbenbefall für die Käseherstellung stets ein Problem war, kam jemand am Ausgang
des Mittelalters auf die Idee, einen Käse aus lebenden
Milben herzustellen. Der Käse selbst enthält viel Roggenmehl, damit die Milben etwas zu fressen haben und
sich nicht selbst am Käse gütlich tun. Die Ausschei-
dungen der Milben sind für seinen vorzüglichen Geschmack verantwortlich.

Am 22. Januar 2001 deklarierte die amerikanische Landwirtschaftsbehörde eine Norm, die bestimmt, wie groß die Löcher im Käse sein dürfen. Es werden zwei Käsegrößen unterschieden: Beim großen Käse darf das Loch nicht größer als 2,06 cm sein, bei einem kleinen Käse muss der Durchmesser zwischen 0,3 cm und 0,9 cm betragen.

Schmetterlinge wurden nach dem österreichischen Wort Schmant (Sahne) »Schmetten« benannt. Schmetterlinge standen nämlich im Verdacht, gern von Milch zu naschen. Dies spiegelt sich in einigen Dialektbezeichnungen für sie wider: »Milchdieb«, »Molkenstehler«, »Schmantlecker« oder »Buttervogel« (im Englischen »butterfly«).

Der kanadische Dichter James McIntyre (1828–1906) ging als »Käsepoet« in die Literaturgeschichte ein. Der Großteil seines Œuvres besteht aus Lobpreisungen an den Käse seiner Heimatregion. Berühmt ist seine *Ode an einen mammutgroßen Käselaib*.

Kartoffel

Kartoffeln, die in Amerika heimisch sind, wurden 1536 von einem spanischen Seemann namens Gonzalez Jiménez de Quesada zum ersten Mal nach Europa gebracht. Die Inka nannten sie »papa«, woraus sich das spanische Wort *batata* und daraus am Ende *potato* herleitet. Die Italiener aber nannten die Knolle – da sie unterirdisch wie die Trüffel wuchs – nach dem italienischen Wort für Trüffel *tartufoli*, welches schließlich die Deutschen als ›Kartoffel‹ übernahmen.

Kartoffeln galten als nicht besonders schmackhaft, zudem empfand man sie als unappetitlich und hässlich. Es dauerte lange, bis sich die aus Südamerika importierte Kartoffel in Europa durchsetzte. Der erste deutsche Bauer, der sie auf sächsischem Boden 1647 anpflanzte, ist namentlich bekannt: Er hieß Hans Rogler. Allerdings blieb dies ohne Nachahmer. Wenig Vertrauen erweckte auch, dass – außer der Knolle selbst – die Kartoffelpflanze ungenießbar ist. Denn der aus der Erde ragende Teil der zur Gattung der Nachtschattengewächse zählenden Pflanze ist giftig. Eine Weile wurde sie nur als Kuriosität in botanischen Gärten ausgestellt.

Friedrich der Große (1712–1786) wollte die Kartoffel zur Bekämpfung der Hungersnöte im Lande verbreiten. Da aber die Bauern es ablehnten, das unattraktive Ding anzupflanzen, ließ der König Felder anlegen und diese von Soldaten anscheinend scharf bewachen. Jedoch sollten sich die Soldaten bei jeder Gelegenheit schlafend stellen. Neugierig, was denn Geheimnisvolles auf den Feldern wachse, stahlen die Bauern einige »Erdäpfel«, probierten sie und pflanzten sie schließlich selbst an.

Während des Siebenjährigen Krieges (1756–1763) kam ein Franzose mit Namen Parmentier in deutsche Kriegsgefangenschaft. Im Gefangenenlager in Hamburg musste er ständig Kartoffeln essen, die die Deutschen wegen ihrer vermeintlichen Minderwertigkeit den Kriegsgefangenen vorsetzten. Doch Parmentier schmeckten die Kartoffeln vorzüglich. Als er wieder in Frankreich war, stellte er sie dem französischen König vor, damit sie dort eingeführt würden: »Eure Majestät, das ist die Kartoffel. Kartoffel, das ist der König.« Um die Kartoffel in Frankreich zu popularisieren, organisierte Parmentier ein Bankett in Anwesenheit des Königs, bei dem jeder Gang aus Kartoffeln bestand. Das Königspaar selbst trug Kartoffelblüten im Haar. Von da an war ihr Siegeszug nicht zu stoppen, obwohl sie nur langsam ins Bewusstsein der Öffentlichkeit rückte.

Noch um 1800 begann das populäre französische Kochbuch *La cuisine renversée* mit dem erklärenden Hinweis: »Die Kartoffel ist kein Obst«, bevor es sie aus gesundheitlicher Sicht über das Gemüse stellt.

Als die Erbfolge in Bayern 1778 unklar war und Preußen und Österreich beide einen passenden Nachfolger bestimmen wollten, kam es zum sogenannten »Kartoffelkrieg«. 80 000 Preußen marschierten im Auftrag Friedrichs des Großen Richtung Bayern. Leider war die Versorgungslage so schlecht, dass sie die Kartoffelfelder plündern mussten. Bei den ebenfalls ausgerückten Österreichern war es ähnlich, und sie machten sich über die Pflaumenbäume her (weswegen der Krieg in Österreich »Zwetschgenrummel« genannt wurde). Zu Kampfhandlungen kam es nicht. Als keine Kartoffelfelder mehr zu finden waren, kehrten die Preußen um. Kein Schuss war gefallen, aber 1500 Soldaten waren auf beiden Seiten gestorben, weil sie sich durch das schlechte Essen die Ruhr zugezogen hatten.

Im April 1943 feuerte der amerikanische Zerstörer USS O'Bannon auf ein japanisches U-Boot und schlug in die obere Seite ein Loch. Doch die Japaner gaben nicht auf. Sie fuhren an die Seite des Zerstörers, um ihn zu entern. Überrascht von dem Manöver warfen die unbewaffneten amerikanischen Soldaten Kartoffeln auf ihre Gegner. Die Japaner hielten die Kartoffeln für Handgranaten, warfen ihre Gewehre weg, tauchten ab und sanken auf den Meeresboden.

Bereits die in eine lilafarbene Schale verpackte Ur-Kartoffel der Inka vertrug durch ihre große Widerstandsfähigkeit eine Höhe von bis zu 5000 m. Die Inka benutzten den Schnee der Berge als natürlichen Kühlschrank und konnten so ihre Ernte frisch halten. Doch 1995 überbot die Kartoffel ihren eigenen Höhenrekord. Die NASA experimentierte mit der »außerirdischen«

Kultivierung der Kartoffeln, um eine Möglichkeit zu finden, Raumfahrer bei einem langen Flug durch den Weltraum mit selbst angebauter Nahrung versorgen zu können.

Die generelle Unterscheidung bei Kartoffeln zwischen mehlig- und festkochenden beruht darauf, dass sich die Zellen der mehligen Kartoffeln beim Kochen leicht trennen, weswegen man sie am besten zum Backen oder für Kartoffelbrei benutzt; die festkochenden haben einen größeren Zusammenhalt, wodurch sie sich für Gerichte, bei denen die Kartoffeln in Scheiben geschnitten werden, z.B. für Kartoffelsalat, eignen. Diese Eigenschaften sind an den unterschiedlichen Stärkegehalt der Kartoffel gebunden. Ein klassischer Test ist, die Kartoffel in Salzwasser aus $^{10}/_{11}$ Wasser und $^{1}/_{11}$ Salz zu werfen. Die mehlige Kartoffel sinkt, während die festkochende schwimmt.

Nach einer Überlieferung haben Pommes frites zu Beginn des 19. Jahrhunderts in dem kleinen belgischen Dorf Namur, das am Fluss Meuse liegt, das Licht der Welt erblickt. In dieser Gemeinde gab es die Tradition, kleine Fische in Öl zu frittieren. Eines Tages fror die Meuse zu. Also schnitt man stattdessen Kartoffeln auf die Größe kleiner Fische und frittierte sie.

Vermutlich geschichtlich korrekter ist, dass Pommes frites gegen 1840 irgendwo in den Gassen von Paris zum ersten Mal verkauft wurden. Wer genau die Idee hatte, Kartoffeln zu frittieren, ist unbekannt. Die engen Straßen waren übervoll mit kleinen Garküchen. Das

Bedürfnis nach einem schnellen Gericht war damals, wo die meisten Leute sich Restaurants nicht leisten wollten und keiner am helllichten Tage zum Essen heimging, noch größer als heute. Pommes wurden ein rascher Erfolg.

Der 31-jährige, indianischstämmige Koch George Crum (1822–1914) ärgerte sich am 24. August 1853 über einen schwierigen Gast in einem Hotel in Saratoga Springs, der seine Pommes frites etliche Male unter der Begründung zurückgehen ließ, sie seien zu dick geschnitten. Crum nahm die Herausforderung an und kreierte dabei die ersten Kartoffelchips (die anfänglich nach dem Hotel »Saratoga Chips« genannt wurden). Die Kartoffelchips von damals waren mit den heutigen wenig vergleichbar, denn man servierte sie heiß. In der *Grocer's Encyclopedia* von 1911 steht: »Seit einem Jahr dürfen Kartoffelchips von jedem hergestellt werden. Man muss sie lediglich im Ofen aufwärmen oder in der Pfanne erhitzen.« Es dauerte noch fast hundert Jahre und verlangte die Erfindung der Kartoffelschälmaschine, um Kartoffelchips (in ihrer kalten Form) populär zu machen. Im Jahre 2005 aßen die Deutschen 72 000 Tonnen Kartoffelchips.

Während des Irak-Krieges der Bush-Ära 2003 wurde der »French Toast« (wegen der ablehnenden Haltung der Franzosen zu Bushs Politik) in »Freedom Toast« umbenannt. Das gleiche Schicksal hatten zu dieser Zeit die Pommes frites, die im Amerikanischen »French Fries« hießen, aber in »Freedom Fries« umgetauft wurden.

Gebäck

Den Opernkomponisten Giacomo Puccini (1858–1924) und den Dirigenten Arturo Toscanini (1867–1957) verband eine veritable Hassliebe. Als sie sich gerade wieder einmal entzweit hatten, schickte Puccini seinem Kontrahenten versehentlich einen stattlichen Panettone (ein italienischer Trockenfrüchtehefekuchen) zu Weihnachten, weil er vergessen hatte, Toscanini von seiner Weihnachtsgeschenkliste zu streichen. Deswegen telegraphierte er ihm: »KUCHEN NUR VERSEHENTLICH GESENDET. PUCCINI.« Die Antwort folgte prompt: »KUCHEN NUR VERSEHENTLICH GEGESSEN. TOSCANINI.«

Die Herkunft der »Teignuss«, was »Doughnut« wörtlich bedeutet (weil man ursprünglich zur Herstellung eine Teigkugel in etwa Nussgröße brauchte), ist ungeklärt. Nach einer Geschichte verdankt die Menschheit die Erfindung des Doughnuts dem dänischen Kapitän Hanson Gregory. Er wollte, während er bei rauer See das Steuer seines Schiffes bediente, auf den Genuss von Kuchen nicht verzichten, doch brauchte er beide Arme zum Ruderhalten. Hanson steckte also den vom Koch gebrachten Kuchen an einen der Griffe des Steuers und durchlöcherte ihn dabei. So entstand das für den Doughnut typische Loch.

Es ist kein Zufall, dass eine Stadt wie Nürnberg, die an der Kreuzung der Handelsrouten von Gütern aus dem Osten lag, zum Zentrum der Lebkuchenproduktion wurde. Denn zur Herstellung von Lebkuchen (früher auch Pfefferkuchen genannt) benötigt es einiges an exotischen Gewürzen. Den erforderlichen Honig aber lieferte der nahe gelegene Wald. Das Rezept für Lebkuchen hatten die Nürnberger Bäckermeister aus den Klöstern des Mittelalters. Die Nonnen liebten süßen Kuchen, den sie als Nachspeise reichten, die Mönche würzigen zum Bier (beides kombinierte man schließlich zum heute bekannten Lebkuchen). Die Klöster wiederum entwickelten nur ein Honigkuchenrezept weiter, das bei den Germanen zur Winterszeit begehrt war.

Nach einer Legende sind die Heiligen Drei Könige bei ihrem Rückweg aus Bethlehem in ein Gasthaus im Elsass gekommen. Der Wirt Gugel machte zu ihren Ehren einen Kuchen, der ihrem Turban glich ... und der Gugelhupf war geboren.

Der Christstollen gehört wie die Brezel zu den sogenannten Gebildbroten, deren Aussehen etwas oder jemandem ähnelt. Der darüber gestreute Zucker sowie seine Form sollen an das in Windeln gewickelte Jesuskind erinnern.

Der Apotheker August Oetker (1862–1918) kam 1890 auf die Idee, das drei Jahrzehnte zuvor von Eben Norton Horsford (1818–1893) erfundene Backpulver in kleine Tüten zu verpacken und in den Handel zu geben – mit beachtlichen Auswirkungen: Dr. Oetker ist bis heute eines der erfolgreichsten deutschen Unternehmen mit Sitz in Bielefeld.

Nudeln

Die ersten Nudeln wurden in Griechenland hergestellt und unter dem Namen »laganon« verkauft. Damals waren Nudeln flach und wurden nicht im Salzwasser gegart, sondern auf einem heißen Stein gebacken und sogar – vergleichbar einer Pizza – mit Zutaten belegt. Das Wort »Nudel« leitet sich von lateinisch *nodus* (›Knoten‹) ab. Oftmals liest man fälschlich, Marco Polo habe Nudeln von China nach Europa gebracht. In einem etruskischen Grab in Cerveteri aus dem 4. Jh. v. Chr. entdeckten Forscher eine Abbildung, auf der ein Nudelbrett, ein Nudelholz und eine Teigzange zu sehen sind. Das erste Nudelkochbuch *De arte Coquinaria per vermicelli e maccaroni siciliani* (*Von der Kunst, sizilianische Vermicelli und Makkaroni zu kochen*), geschrieben vom Hofkoch des Patriarchen von Aquileia, Martino Corno, erschien angeblich bereits 1070, also 200 Jahre vor Marco Polo (1254–1324). Die Datierung der Rezeptsammlung ist zweifelhaft, da das Buch samt Jahreszahl unüberprüfbar meist in italienischen Quellen erwähnt wird, die ein Interesse daran haben, Nudeln als ihre Erfindung auszugeben. Immerhin spricht dafür, dass ein arabischer Schreiber namens Al-Idrisi in seinem Werk *Büchlein von dem, der sich damit erfreute, die Welt zu bereisen* von 1154 davon berichtet, dass er in der Gegend von Mailand eine große Anzahl von Mühlen bemerkt habe, die alle Mehl für die Nudelherstellung herstellten.

Das mittelalterliche Kochbuch *Liber de coquina* (zwischen 1285 und 1300) enthält ein ausführliches Rezept für Ravioli, deren Füllung aus im Mörser zerkleinertem Schweinemagen, Kräutern und Safran besteht, die danach mit Ei angedickt wurde, bevor man sie in den Teig füllte. Ebenso in diesem Kochbuch enthalten ist ein Rezept, das als »Mönchskopf« bezeichnet wird, welches aus im Fett ausgebackenen Nudeln gemacht wurde, die man vor dem Servieren mit Honig überzog.

Marco Polo erzählt, dass die Chinesen Nudeln aus der zu Mehl verarbeiteten Rinde der Sagopalme herstellten. Aus der 12 m hohen Palmenart bauten die Chinesen auch Häuser und deckten ihre Dächer. Chinesische Wohnungen und chinesische Nudeln waren aus dem gleichen Material gemacht.

Traditionell wurde der Nudelteig in Italien mit den Füßen getreten und gewalkt. Das nun fand König Ferdinand II. (1610–1670) so unappetitlich, dass auf dessen Anregung die erste Nudelmaschine erfunden wurde, die die Teigbearbeitung mechanisch erledigte.

Aufsehen erregte die Entdeckung eines Lasagne-Rezeptes in einem alten englischen Kochbuch aus dem Jahre 1390, *The Forme of Cury*, das unter König Richard II. (1367–1400) angefertigt wurde. Beim Überprüfen der Rezepte fand man eins, das als »Losyns« betitelt war und einem Lasagne-Rezept sehr ähnlich sah, außer dass statt der erst später entdeckten Béchamel-Sauce Safran und Zimt enthalten waren. Sollte das uritalienische Gericht Lasagne eigentlich englisch sein? Allein der bloße Verdacht einer solchen Vermutung bewog den italienischen Botschafter in London zum offiziellen Statement: »Wie auch immer ihr den Fraß nennt, Lasagne ist es auf jeden Fall nicht.«

Ludwig XIV. (1638–1715) aß an Karfreitagen, an denen Fleisch verboten war, nur Nudeln, die er aber so arrangieren ließ, dass sie Fischen, Fleisch und Obst glichen.

Einige drehen Spaghetti auf den Löffel, andere halten dies nicht für die feine italienische Art und benutzen besserwisserisch nur die Gabel: »Die Italiener essen Spaghetti ohne Löffel!« Die länglichen Nudeln wurden in Neapel an vielen Orten in offenen Nudelküchen verkauft. Der Käufer setzte sich mit seinem Teller auf den Boden, zog mit den Fingern die Nudeln über den nach hinten geneigten Kopf und ließ sie von oben in den Mund gleiten. Das ist die original italienische Art, sie zu essen, zumindest diejenige der einfachen Leute.

Nach einer Geschichte wurden Tagliatelle um 1500 von dem Koch Zafirano anlässlich der Hochzeit von Lucrezia Borgia (1480–1519) mit dem Herzog von Ferrara (1476–1534) entworfen. Die Nudeln sollten an die langen, fließenden blonden Haare der Braut erinnern.

Nach Auskünften aus der Küche des Vatikans begnügen sich die Päpste in letzter Zeit mit wenig luxuriösen Speisen. Die Lieblingsspeise von Johannes Paul II. (1920–2005) war einfach und erinnerte ihn an seine polnische Herkunft: Wodka-Nudeln.

Italienische Trockennudeln setzten sich erst gegen Ende des 20. Jahrhunderts in den nördlicheren Ländern Europas durch. 1957 brachte das BBC am 1. April eine Dokumentation über die »Spaghetti-Ernte in der Schweiz«. Sieben Millionen Briten sahen, wie reife Spaghetti von Erntehelfern von den Bäumen gepflückt wurden. Nach der Dokumentation hörte das Telefon bei der BBC nicht auf zu klingeln: Zahlreiche Zuschauer wollten wissen, woher man so einen Spaghetti-Baum bekommt.

Pizza

Im späten 19. Jahrhundert hörte der Bäcker Raffaele Esposito, dass König Umberto I. (1844–1900) nebst Gattin Königin Margherita (1851–1926) durch das umgebende Land Campania reiste. Um sie zu beeindrucken und um sie von seinem Patriotismus zu überzeugen, entwarf er die erste »moderne« Pizza. Sie zeigte die Landesfarben der italienischen Flagge: Rote Tomaten, weißer Mozzarella und grünes Basilikum.

Pizza wurde in den 1950er-Jahren in Amerika sehr beliebt, zum einen, weil die aus Italien heimkehrenden Soldaten die Pizza auch zu Hause nicht missen wollten, aber auch weil Stars wie Dean Martin sie besangen: *When the moon hits your eye like a big pizza pie, that's amore* (*Wenn dir der Mond wie eine große Pizza vorkommt, das ist Liebe*). Oregano übrigens – das altgriechische Wort bedeutet ›Bergzierde‹, weil die Oregano-Pflanze an den Berghängen blühte – war in den USA gänzlich unbekannt. Erst als wohlschmeckendes Pizzagewürz nahm es seinen Weg in die amerikanischen Küchen.

Die erste gefrorene Pizza entstand 1957, als amerikanische Soldaten im Koreakrieg darum baten, ob es nicht möglich sei, aus der Heimat eine Pizza zu bekommen. Damit die Pizza den langen Transport überstand, erfanden die Celentano-Brüder die erste tiefgekühlte Pizza.

Der ehemalige amerikanische Baseball-Star Yogi Berra (geb. 1925) bestellte sich am Telefon eine Pizza. Freundlich fragte der Händler, ob die Pizza in vier oder acht Stücke geteilt werden sollte. Berra überlegte: »Lieber vier Stücke«, sagte er, »ich glaube nicht, dass ich acht essen kann.«

Der amerikanische Koch Ed LaDou (1955–2007) führte die Pizza in Gourmetkreisen ein. Er schuf Pizzas mit ungewöhnlichem Belag wie zum Beispiel Entenwurst, Hoisin-Sauce (eine koreanische Fischsauce) oder teurem Räucherlachs. Sein Ziel: die kulinarische Welt mit der »Unendlichkeit der Pizzamöglichkeiten« vertraut zu machen.

Reis

Die Araber im Mittelalter pflanzten im größeren Stil Reis an. Der Schreiber Ibn Qutaiba (828–889) bemerkte einmal: »Weißer Reis mit geschmolzener Butter und weißem Zucker ist nicht von dieser Welt.« Über das arabische Spanien konnten die Europäer im Mittelalter Reis beziehen, der natürlich recht teuer war. Man verwendete ihn nicht als Beilage wie heute, sondern kochte Milchreis daraus, der – wie alles im Mittelalter – mit kräftigen Mengen von Gewürzen versehen war. Von einem englischen Hof des 13. Jahrhunderts, der mit Spanien im Handelskontakt stand, ist eine »Einkaufsliste« bekannt. Die Hofleute bezogen 10 000 Pfund Reis, aber 40 000 Pfund Mandeln, die als Nahrungsmittel den Reis um ein Vielfaches an Beliebtheit übertrafen.

Der *Tractatus de modo preparandi et condiendi omnia cibaria* (*Traktat über die Art und Weise der Zubereitung und das Würzen aller Speisen*) aus dem Jahr 1253 definiert Reis als ein Essen für Kranke. Die Kochanleitung lautete: »Lasse Reis eine Stunde kochen, dann lässt du ihn ziehen und gibst ihn schließlich in Mandelmilch.« Wem der dabei entstehende Milchreis noch zu dick war, für den wurde der Reis im Mörser zerkleinert. Im Anschluss daran wurde das Ganze mit ebenso zerstoßenem Hühnerfleisch zu einer Art weichem Brei weiterverkocht.

Reis war den Römern bereits durch geringe Importe aus dem Osten bekannt; sie setzten ihn aber nur zu medizinischen Zwecken ein, ohne dass sie den Nutzen für die Ernährung erkannt hatten.

Der Ruf des Reises, eine eher unwillkommene Gesundheitsnahrung zu sein, hielt sich über Jahrhunderte. Der Anfang des 17. Jahrhunderts Asien bereisende Arzt Alzheimer gibt deutlich zu erkennen, wie man den Reis damals immer noch sah: »Es ist in ganz Ostindien ein Mangel, dass sie kein anderes Brot haben als Reis. Den kocht man wie einen Brei, aber ganz dick, und das essen sie als Brot. Dieses Reisbrot ist die Ursache davon, dass man dort so aufgeschwemmt und wassersüchtig ist.«

Dennoch versuchte man in Deutschland 1839 bei Brünn in Mähren Reis anzupflanzen. Erst in der Mitte des 19. Jahrhunderts, als sich der Kontakt mit Ländern wie Indien, China oder Japan intensivierte, bereiteten die Engländer daraus eine mit Curry, zerkleinerten, hart gekochten Eiern und Räucherfisch gemachte Frühstücksbeilage (»kitcheri«). Sie befreiten so die wohlschmeckenden weißen Körner aus der Milchreistradition, was am Ende dazu führte, dass schließlich daraus der uns bekannte Beilagenreis hervorging.

Dem Namen nach hat die auf Reis basierende Paella zwei mögliche Bedeutungen. Im Lateinischen bezeichnet _patella_ eine große Schüssel. Die spanische Paella wäre demnach nicht nach deren Rezept und Zutaten benannt, sondern nach dem Kochgeschirr, in dem sie zubereitet wird. Die zweite Worterklärung ist die Benennung nach dem arabischen Wort _Baqiyah_, was

›Reste‹ bedeutet. Als Spanien von den Arabern besetzt wurde, hielten die Herrschenden große Gelage und verschenkten die Essensreste; meistens Reis, Huhn und Gemüse. Die armen Spanier warfen alles zusammen in einen Topf, woraus das spanische Nationalgericht schließlich entstand. Allgemein einig ist man sich darüber, dass die Paella ursprünglich nichts aus dem Meer enthielt.

Sushi – der Name bedeutet »säuerlich« – war ursprünglich mit Essig gesäuerter Reis. Die Japaner entdeckten bereits um das Jahr 600 v. Chr., dass mit Essig versetzter Reis Fisch haltbar macht (fast zeitgleich wurde in Europa das Pökeln, also das Einsalzen erfunden, um Lebensmittel zu konservieren). So konnte der Fisch im Reismantel in einem Erdloch vergraben lange Zeit aufbewahrt werden.

Modernes Sushi wurde 1824 in den Straßen von Edo (heute: Tokio) von Yohei Hanaya (1799–1858) als ein Arme-Leute-Gericht erfunden. Er rollte den Reis zu einem Block und belegte ihn mit Fisch, um es einer Straßenkundschaft, der die Zeit und das Geld für ein teures Essen fehlte, zu verkaufen. Wenn ein Europäer Sushi isst, quält er sich gern mit Stäbchen ab, mit deren Hilfe er den Reisblock zerschneidet, um das danach in Soja-Sauce ertränkte und darin zerfallende Sushi zu essen. Üblicherweise isst man das Reisgericht aber mit den Händen, wobei man es auf zwei Bissen in den Mund schiebt.

Essstäbchen – auf Chinesisch *kua-zi* – sind traditionell aus Bambus, doch wurden zu mittelalterlichen Zeiten von Reicheren auch silberne benutzt, weil die Meinung verbreitet war, dass im Essen enthaltenes Gift das Silber schwarz färbe und das Material ein sicherer Indikator für ein unbedenkliches Essen sei. Nicht alle asiatischen Länder benutzen sie, sondern nur Japan, China, Korea und Vietnam hielten die Bambusstäbchen für notwendig. Thailand schloss sich an, aber König Rama V. (1853–1910) erlaubte ihren Gebrauch nur für Nudeln, weil er den westlichen Einfluss in seinem Land stärken wollte.

Das Aussehen der Stäbchen unterscheidet sich. Die Chinesen benutzen recht lange Stäbchen mit stumpfen Enden, die Japaner haben kurze, lackierte, mit spitzen Enden, die etwas handlicher sind, wenn man mit grätigem Fisch hantieren muss. Ein gröberer Verstoß gegen die Etikette, der Leuten aus dem Westen gern unterläuft, ist, zum Ablegen der Stäbchen sie aufrecht in eine Reisschale zu stecken. Das erinnert nämlich an die Weihrauchstäbchen, die entzündet werden, wenn an die Toten gedacht wird.

Es ist durchaus nicht zutreffend, dass in China allerorten Reis gegessen wird. Im Süden isst man traditionell Reis, während im Norden Weizen, Sojabohnen und Mais beliebt sind. Erst in den letzten Jahren – und im Besonderen in den großen chinesischen Städten des Nordens – setzt sich Reis auch dort durch.

Für die chinesische Küche ist der Unterschied zwischen »fan« und »cai« wichtig. Unter »fan« fallen Nahrungsmittel wie Reis, Brei und Nudeln; unter »cai« fallen Fleisch, Fisch und Gemüse. Für ein ausgewogenes Essen müssen »fan« und »cai« in einem harmonischen Verhältnis enthalten sein. Die Chinesen entwickelten spezielle Kochutensilien für die beiden. Im Wok wird traditionell nur »cai« zubereitet, im Reiskocher natürlich Reis, ebenso gibt es extra Küchenbesteck für »fan« und »cai«. Sehr im Gegensatz zur westlichen Anschauung dient »cai« nur als Soße und Würzmittel für das »wahre« Essen »fan«. Das heißt mit anderen Worten: Das Fleisch hat den alleinigen Zweck, dass durch dessen Beifügung der Reis oder die Nudeln besser schmecken. Es gilt als unhöflich und als Zeichen eines dekadenten Charakters, das »fan« nicht bis zum letzten Körnchen aufzuessen, dafür soll man etwas vom »cai« in der Schüssel lassen, um anzuzeigen, dass der Gastgeber mehr vom (teuren) »cai« serviert hat, als der Gast essen kann.

Welche immense Bedeutung die Chinesen dem Essen zuschreiben, lässt sich an dem Alltagsgruß der Nordchinesen ablesen, die sich nicht mit »Guten Tag« (»Ni hao«) begrüßen, sondern mit »Hast du schon gegessen?« (»chifanle meiyou?«).

Das chinesische Essen, das man bei uns in Restaurants erhält, ist stark verwestlicht. Die asiatischen Immigranten vor allem in die USA passten ihr vertrautes Essen den nordamerikanischen Verhältnissen an. Im Verlauf der Zeit entstanden so neue Gerichte. In China darf man nicht erwarten, dass man in einem Restaurant einen Glückskeks erhält, die omeletteartige Eierspeise »Foo yung« oder klebrig süß-saure Sauce mit Ananas. »Chop Suey« gibt es überall auf der Welt, nur nicht in China.

Es gibt eine romantische Geschichte über die Erfindung des chinesischen Glückskekses. China wurde im 14. Jahrhundert von den Mongolen besetzt. Die Chinesen planten einen Aufstand, doch hatten sie Schwierigkeiten, unbemerkt Nachrichten zu übermitteln. Es war ihnen allerdings bekannt, dass die Mongolen nicht gerne Lotusnuss-Küchlein aßen. Die Aufständischen versteckten also Zettelchen in diesen Kuchen und konnten so miteinander kommunizieren: Dies war der Vorfahr des Glückskekses.

Im Gegensatz zur Legende wurde der Glückskeks aber 1909 in San Francisco erfunden, um die Gäste eines japanischen (!) Teegartens mit asiatischer Weisheit zu erfreuen. 1992 waren Glückskekse zum ersten Mal in China erhältlich; sie waren von New York aus dorthin verschifft worden.

Eine der wichtigsten Gottheiten der gläubigen Chinesen ist der Küchengott, für den in jedem Haushalt ein Schrein bereitsteht. Das Besondere an ihm ist, dass er – vergleichbar mit dem Nikolaus – über die guten und schlechten Taten der Menschen Bescheid weiß. Einmal im Jahr reist er in den Himmel und besucht die höchste Gottheit des Taoismus, den Jadekaiser, um ihm über die

Menschen Bericht zu erstatten. An diesem Tag – am 23. Tag des 12. Monats – werden Reis, Wein, Obst und süßer Pudding auf seinem Altar aufgebaut (in neuerer Zeit vor seinem Poster in der Küche), um ihn gnädig zu stimmen. Gelegentlich »schmiert« man auch klebrigen Kuchen direkt über den Mund der Götterstatue.

Sauce

Der »ursprüngliche« Sinn von Saucen war, den Eigengeschmack der Speisen zu überdecken, anstatt ihn zu ergänzen oder zu verstärken. Viele Nahrungsmittel waren in antiken Zeiten von schlechter Qualität oder nicht mehr ganz frisch. So schrieb Apicius, Autor eines Kochbuchs im alten Rom, über eine besonders würzige Sauce: »Wenn du diese Sauce verwendest, wird niemand mehr merken, was er gegessen hat.«

Die Römer benutzten gerne eine Sauce, die »Liquamen« hieß, eine stark nach Sardellen schmeckende Fischpaste, welche fast ständiger Begleiter sämtlicher billig hergestellter Speisen war. Dank dieser Sauce konnte man, wie Alcock in seinem Buch über römisches Essen schreibt, einen frischen Fisch von einer verfaulten Katze nur durch die Knochen unterscheiden.

Auch die »Sauce Robert« diente bis ins 17. Jahrhundert hinein zum Übertünchen des Geschmacks. Sie wurde gerne zum gebratenen Fasan gereicht. In einem Märchen von Charles Perrault (1628–1703) glaubt eine Menschenfresserin, sich an Kindern gütlich zu tun, dabei hatte ein schlauer Koch nur ein Lämmchen mit Sauce Robert bestrichen. Auch heute noch erfüllen Ketschup, Sojasauce und Maggi die Funktion, die einst Liquamen und die Sauce Robert innehatten.

In Auguste Escoffiers (1846–1935) bedeutendem Kochbuch, dem *Guide Culinaire* (1902), werden 200 Saucen aufgezählt. Es fällt allgemein auf, dass sich die französische Küche sehr für die Zubereitung von Saucen interessiert. Eine Tradition, die durch das sehr einflussreiche französische Kochbuch von Marie-Antoine Carême (1784–1833) begonnen wurde, welches sich speziell mit der Saucenherstellung beschäftigt. Die italienische Küche dagegen hat in dieser Beziehung außer dem recht simplen Pesto und einer noch einfacheren Tomatensauce traditionell wenig zu bieten. Im Allgemeinen wird in Italien mehr Wert auf den Geschmack der Zutaten und weniger auf die sie umgebende Sauce gelegt.

Im Mittelalter färbten die Köche gerne ihre Saucen. Praktisch jede Farbe konnte in einem Essen enthalten sein. Sandelholz gab einen roten Farbton, Maulbeeren einen blauen, gepresste Kräuter einen grünen, gekochtes Blut einen schwarzen, Indigo einen lilafarbenen, Rosenblüten einen rosafarbenen und der sehr beliebte Safran einen gelben. Während bereits eine blaue Sauce heutzutage undenkbar wäre, benutzten die mittelalterlichen Köche ihre Fantasie, um durch Farbmischungen das Auge zu erfreuen. Zu einem Hochzeitsmahl wurden beispielsweise gerne die Wappen der Heiratenden als Sauce auf den Tellern angerichtet. Daraus kann man schließen, dass viele mittelalterliche Köche ihre Kunst mit der Malerei verwandt sahen. Kein Wunder also, dass im *Le viandier de Taillevent* (1350) neben üblichen Kochrezepten auch solche stehen, die lauten »Wie man das Bild vom Heiligen Georg und der Jungfrau macht« oder »Wie man das Bild von der Heiligen Marthe nachformt«.

Die »Sauce Hollandaise« wurde in Frankreich erfunden und verfeinert. Sie hieß ursprünglich nach der französischen Stadt Isigny »Sauce Isigny«. Typisch für sie ist die Verwendung von Butter. Während des Ersten Weltkriegs wurde in Frankreich die Butter knapp und musste aus Holland importiert werden, daher der Name »Sauce Hollandaise«.

Das »Thousand Island«-Dressing hat seinen merkwürdigen Namen 1897 bekommen. Ein Fischer, George LaLonde, bot vor der Küste New Yorks Touren zu den besten Fischgründen an, die er »Thousand Island-Tour« nannte. An dessen Ende servierte seine Frau den Kunden ein Essen, bei dem auch eine selbst kreierte Salatsauce gereicht wurde. Eines Tages kam die Kochbuchautorin May Irwin mit ihrem Mann zum Essen, denen das Dressing ausgesprochen gut schmeckte. Die Dame bat um das Rezept und popularisierte es in der Folgezeit.

Die Worcester-Sauce (gesprochen: »Wuster«) wird von der Firma »Lea and Perrins« in Worcester hergestellt. Der Würzsauce liegt ein relativ kompliziertes Rezept aus Melasse, Essig, Wasser, Mais-Sirup, Knoblauch, Tamarinde, Anchovis, Pfeffer, Zwiebeln, Schalotten, Gewürznelken, Chili und Sojasauce zugrunde. Die Zutatenliste stammt von Sir Charles Sandys (1786–1859), der um 1820 Justizverwalter in England war.

Jener begegnete der Urform dieser (noch pulverförmigen) Würzmischung während seiner Zeit in Indien. Er schrieb sie, so gut er konnte, auf und schickte sie nach England, wo der Zettel einige Jahre verschlossen in einer Schublade lag. Auf Nachfrage einer Freundin, die ein gutes Currypulver verlangte, wurde der Zettel herausgeholt und zu der Firma »Lea and Perrins« gebracht. Diese mischte alles zusammen, was aber herauskam, war ein ungenießbarer Brei. Einige Monate später räumte die Firma ihren Keller und entdeckte, dass der Inhalt des Fasses, welches die Würzmischung enthalten hatte, zwischenzeitlich fermentiert und jetzt aus dem Brei eine wohlschmeckende Sauce entstanden war. Diese wurde 1838 zum ersten Mal als »Lea and Perrins Worcester Sauce« auf den Markt gebracht.

»Carême ist zu Escoffier wie das Alte Testament zum Neuen«, lautet ein Bonmot. Der Franzose Auguste Escoffier (1846–1935) war der erste international bekannte Starkoch Europas. Er kritisierte die Saucen seines Vorgängers Marie-Antoine Carême (1784–1833), der außergewöhnliche und seltene Gewürzkombinationen bevorzugte. Die Rezepte sollten nicht komplizierter werden; im Gegenteil einfacher, schmackhaft, auf das Nötigste beschränkt.

Er formulierte den Anspruch, dass Saucen den Geschmack des Essens unterstützen, ihn aber nicht übertünchen sollten. Des Weiteren teilte Escoffier Saucen in vier einzelne Grundtypen ein und betrachtete die anderen lediglich als Abwandlung dieser Typen. Er organisierte die Küche um. Vor ihm waren große Restaurantküchen in Sektionen eingeteilt, wo jeweils eine bestimmte Speise zubereitet wurde, was wenig effizient war und dazu führte, dass der Saucenkoch nicht wusste, mit was der woanders arbeitende Fleischkoch gerade seinen Braten würzte.

Gekrönte Häupter wie Edward VII. (1841–1910) oder Kaiser Wilhelm II. (1859–1941) gehörten zu Escoffiers Anhängern. Letzterer äußerte ihm gegenüber: »Ich bin vielleicht der Kaiser von Deutschland, aber Sie sind der Kaiser der Köche.«

Ketschup stammt nicht aus dem amerikanischen Raum, sondern aus China und Malaysia. (Im Supermarkt gibt es vielerorts beispielsweise die malaysische Würzsoße »ketjab manis« zu kaufen.) Ursprünglich war Ketschup eine Fischsoße, dann gegen 1800 wurde jede Soße mit Essig darin als Ketschup bezeichnet. Susannah Carter bemerkte in ihrem Kochbuch von 1803: »Das beste Catsup macht man aus Tomaten.« Der Eintrag in der *Grocer's Encyclopedia* (1911) spiegelt ebenso wider, wie ungenau damals Ursprung und Sinn des Ketschups definiert waren: »Catsup: Das Wort stammt von einer ostindischen Gurke ab, mit der man einst eine Würzsauce für gesalzene Pilze herstellte. Es wird jetzt auf allerlei Speisen angewandt und besteht aus einem gewürzten Brei aus Tomaten, grünen Walnüssen oder anderen Dingen.« Pierre Blot bemerkte 1868: »Lass die Finger von dem, was unter dem Namen Catsup verkauft wird. Es ist schuld an vielen Fällen von Verdauungsstörungen, Gebrechlichkeit und Abmagerung.« Erst der deutschstämmige Henry John Heinz (1844–1919) entwickelte Ketschup zu dem, das man heute kennt. Dass es trotzdem noch ein langer Weg war, bis die rote Sauce in Amerika heimisch wurde, zeigt, dass Ketschup um 1930 unter dem Namen »Dr. Miles Compound Extract of Tomato« (Dr. Miles Tomaten-Misch-Extrakt) als Medizin gegen Haarausfall verkauft wurde.

Die Amerikaner brachten nach 1945 Ketschup und Curry nach Deutschland. Dies führte dazu, dass Herta Heuwer (1913–1999) am 4. September 1949 die Currywurst erfand. Diese wartete nämlich an diesem verregneten Tag auf Kunden; aus purer Langeweile mischte sie Curry unter Ketschup und kreierte so eine, wie viele finden, trefflich schmeckende Sauce, die exzellent zu einer Bratwurst passte.

Der ehemalige amerikanische Präsident Richard Nixon (1913–1994) erzählte einmal, dass sein Arzt ihm eine leichte Kost aus Hüttenkäse verordnet habe. »Das Problem mit Hüttenkäse ist, dass ich keinen Hüttenkäse mag«, führte Nixon aus, »ich nahm seinen Rat aber an und leerte einfach Ketschup drauf.«

Lange glaubte man, dass die Geschichte der Mayonnaise 1756 mit der Eroberung der Hauptstadt von Minorca, Mahon (wo die französischen Truppen unter dem Herzog von Richelieu über die Briten triumphierten), begonnen hat – nach der die Sauce ihren Namen tragen soll. Der Herzog soll zur Feier des Sieges die Kreation einer neuen Sauce befohlen haben. In jüngerer Zeit hat man das Vorhandensein von Mayonnaise schon vor diesem Datum festgestellt. Jetzt glaubt man, dass Mayonnaise zu Ehren von Charles de Lorraine, Herzog von Mayenne (1554–1611) benannt ist, dem es 1589 wichtiger war, sein Hühnchen in Sauce fertig zu essen, als pünktlich zur Schlacht von Arques zu erscheinen (er wurde von Heinrich IV. vernichtend geschlagen).

Schokolade und Süßes

Schon die Maya und die Azteken genossen Schokolade vor 2600 Jahren als Getränk, indem sie Wasser mit Kakao vermischten. Die Maya nannten es »chocol haa« (*chocol* ›heiß‹, *haa* ›Wasser‹), die Azteken »xocolatl«, woraus die Spanier später das Wort »Schokolade« formten. Kakao zu trinken blieb aber bei beiden Völkern einflussreichen Männern oder Priestern vorbehalten, da der Kakao göttlichen Ursprungs war und der Schokoladengott Ek Chuah über die richtige Verteilung des Getränks wachte. Damit sich die zermahlenen Kakaobohnen mit dem Wasser überhaupt mischten, wurde es stark geschüttelt, wodurch sich heftig Schaum bildete. »Man muss den Mund weit aufmachen, wenn man die Flüssigkeit trinken will«, bemerkte ein Beobachter im Jahre 1529 leicht spöttisch. Der frühe Kakao hatte deswegen eher das Aussehen eines Bieres und ersetzte nach Meinung der Ureinwohner Mittelamerikas einen Tag lang feste Mahlzeiten. Erst die Spanier wichen von der Wasser-Schokoladenmischung ab und süßten den Kakao, während ihn die Inka bitter zu sich nahmen.

Der Kakao stieß von kirchlicher Seite aus in Europa als »Heidengetränk« auf einigen Widerstand, der aber auf Druck der Öffentlichkeit schnell zusammenbrach, als man ihn nicht nur als belebend und stärkend, sondern auch als Aphrodisiakum anpries. Später entwickelte sich der süße Kakao zum bevorzugten Getränk für Frauen, während die Männer den nüchternen Kaffee vorzogen.

Die Beliebtheit des Kakaos in der adligen Damenwelt des beginnenden 18. Jahrhunderts war enorm. Auch deswegen, weil das fettreiche, sättigende Getränk nicht gegen das Fastengebot verstieß, denn die Regel lautete: Flüssiges bricht das Fasten nicht. Einige Damen in der mexikanischen Stadt San Cristobal de las Casas, die damals Chiapa hieß, ließen sich von ihren Mägden während des Gottesdienstes eine Tasse Kakao bringen. Der Pfarrer fand dies äußerst gottlos und drohte, jede von ihnen zu exkommunizieren, wenn sie das noch einmal machen sollten. Wenige Tage später verstarb der Pfarrer. Vermutlich war eine Tasse Kakao, die er getrunken hatte, vergiftet gewesen. Daraus wurde in der Gegend ein Sprichwort: »Hüte dich vor dem Kakao aus Chiapa.«

Um 1580 hatten die Spanier die erste Kakaofabrik gebaut und ihre Versuche, das Herstellungsrezept geheim zu halten, schlugen fehl, denn nur siebzig Jahre später hatte es sich über ganz Europa verbreitet. Die Trinkschokolade – wie wir sie heute kennen – wurde um 1700 von dem Leibarzt der englischen Königin Anne, einem gewissen Hans Sloane (1660–1753), erfunden. Jener hatte bei zweien seiner Aufenthalte in Jamaika bemerkt, dass den kleinsten Kindern dort Kakao wie Muttermilch zur Sättigung verabreicht wurde. Er kombinierte beide Ideen und löste das Kakaopulver statt in Wasser in Milch auf.

Bis ins 20. Jahrhundert hinein galt Kakao als sehr gesund. Nicht nur soll der ständige Kakaogenuss Kardinal Richelieu (1585–1642) nach dem Buch *Schokolade und*

Schokoladenrezepte (1909) von der Atrophie (Abmagerung) geheilt, sondern auch einem Säugling einmal das Leben gerettet haben: Die Amme des Kindes war gestorben. Die Eltern entschieden sich, dem Kind Kakao zu füttern, wodurch es überlebte. Voltaire dagegen wollte die Vorzüge von Kaffee und Kakao vereinen, mischte beide zu einem neuen Getränk und dieser »Power-Drink« war das Einzige, was Voltaire (1694–1778) vom Aufstehen um 5 Uhr morgens bis 3 Uhr am Nachmittag zu sich nahm.

Als Goethe 1790 bei seiner italienischen Reise zuerst in die Schweiz ging, nahm er eine größere Menge Schokolade mit. Der Grund: In der Schweiz konnte er damals fast nirgends Schokolade bekommen.

»Mousse au chocolat« trug kurz nach seiner Erfindung um 1900 (angeblich vom Maler Henri de Toulouse-Lautrec) noch einen anderen Namen: Schokoladen-Majonäse (»mayonnaise de chocolat«).

1877 taten sich einige Schokoladenhersteller zusammen, um ein »Reinheitsgebot« bei der Schokolade durchzusetzen. Bis dahin war es üblich gewesen, sie mit Sand, Bohnenmehl, Gips oder Kreide zu strecken. Doch wurden verbindliche Vorschriften erst 1933 erlassen. Zum Teil lag das auch daran, dass es lange nicht möglich war, Inhaltsstoffe genau zu bestimmen. 1880 beispielsweise zerschnitt man eine Tafel Schokolade und schickte sie

enden Chemikern, um sie analysieren zu
eine behauptete, die Schokolade enthalte
akao, der andere ermittelte absurde 0 Pro-
g weit entfernt vom wahren Kakaogehalt
eingesandten Schokolade.

Der Geschmack der Kakaobohnen, aus denen man
Schokolade herstellt, ist von zahlreichen Faktoren abhängig. Prinzipiell unterscheidet man zwei Kakaosor-
ten: Criollo ist die Edelsorte, die äußerst aromatisch ist,
gut schmeckt und perfekte Schokolade produzieren
würde … Leider ist sie sehr für Krankheiten und Schäd-
linge anfällig. Obwohl sie eindeutig die bessere Sorte ist,
wird wegen ihrer Empfindlichkeit der Forastero der
Vorzug gegeben. 80 Prozent der Kakaoernte stammen
von Forasterobäumen; ein verschwindend geringer Anteil stammt von reinen Criollobäumen (den Rest machen Kreuzungen beider Sorten aus). Hinzu kommt
noch: Je nach Standort, Klima und Pflege erhält man einen anderen Geschmack. Von den 1000 Inhaltsstoffen in
der Kakaobohne sind bisher nur etwa 400 identifiziert
worden. Was also die Komplexität und den Einfluss von
außen auf den Geschmack betrifft, ist der Kakao durchaus mit der Weinrebe zu vergleichen.

(Gute) Schokolade ist nur teilweise ein Naturerzeugnis,
denn sie ist im Wesentlichen ein High-Tech-Produkt.
Die gute alte Zeit gab es für Schokolade nie. Mit der
Entwicklung von neuen Verfahren, besseren Maschinen
und ausgeklügelter Technik wurde sie immer besser. Ei-

ne der ersten grundlegenden Erfindungen machte 1879 Rodolphe Lindt (1855–1909) mit der Conchiermaschine. Darin wird die Schokolade auf 90 Grad erhitzt und dann 72 Stunden gewalzt: Damit die zahlreichen Geschmacksstoffe freigesetzt werden, wird die Schokolade heutzutage in einem der vielen Arbeitsschritte unter großem Druck auf ein 200stel Millimeter ausgerollt. Undenkbar noch vor hundert Jahren.

Ende des 19. Jahrhunderts analysierte man die Inhaltsstoffe der Kakaobohne. Man stellte einen erhöhten Anteil an Fluor und Tannin fest; beides Stoffe, die die Zähne härten. Kurz darauf gab es spezielle Schokolade mit hohem Kakaogehalt, und den Kindern wurde der Rat gegeben, möglichst viel Schokolade zu essen, um ihre Zähne gegen Karies zu schützen. (Die Menge an Fluor ist so gering, dass man ungefähr 20 kg essen müsste, um einen positiven Effekt für die Zähne zu erreichen.)

Gemäß einer oft erzählten Geschichte machte 1989 die amerikanische Schokoladenfirma Gerber bei der Einführung einer Schokolade in einem afrikanischen Land einen irritierenden Fehler. Die Verpackung der Schokoladentafel zeigte nämlich ein glücklich lächelndes Baby. Das verstörte viele potenzielle Käufer. Da die Quote der Analphabeten in diesem Land hoch war, war es üblich, dass das Bild der Verpackung eines Produktes gleichzeitig seinen Inhalt zeigte.

Aus Schottland ist seit den 1990ern bekannt, dass dort Milky-Way-Schokoriegel in der Friteuse zubereitet werden (im gleichen Fett, in dem auch Fisch gemacht wird). Dabei ist darauf zu achten, dass der Riegel gefroren ist, damit nicht das ganze Stück schmilzt, sondern nur die Hülle fritiert wird. Schon zehn Jahre früher hat man wohl in Schottland damit begonnen, die Küchenkultur in neue Untiefen zu treiben und experimentierte damit, was sich alles in die Friteuse stecken lässt. Die Schotten erfanden schließlich die fritierte Pizza, die mit Pommes frites gereicht wird.

»Smarties« und »M&M's« waren ursprünglich Wegzehrung für Soldaten. Forrest Mars (1904–1999), der »M&M's« auf den Markt brachte, bemerkte zur Zeit des Spanischen Bürgerkrieges (1936–39), dass Soldaten Schokolade mit Zuckerüberzug aßen. Der Zucker verhinderte das Schmelzen der Schokolade unter der heißen Sonne Spaniens.

Mit Zucker überzogene Mandeln wurden bereits im Mittelalter gereicht, aber die Praline erfand Lasagne, der Leibkoch von Marschall du Plessis-Praslin (1602–1675), der für Ludwig XIV. als Gesandter tätig war. Seine Kinder hatten die Idee, die Mandeln in karamellisierten Zucker zu tauchen. Davon angetan, experimentierte Lasagne und entwickelte die erste Praline. Ursprünglich wurde die Praline noch »Praslin« genannt.

Aus dem Schokoladen-Brotaufstrich »SuperCrema« der italienischen Firma Ferrero wurde 1964 »Nutella« (aus engl. *nut* und der italienischen Endung *-ella*). Bemerkenswert neben dem Erfolg von Nutella ist, dass die Artikel »der«, »die« und »das« dafür verwendet werden, je nachdem, wo man sich gerade in Deutschland aufhält.

Michele Ferrero (geb. 1925), den man den »Nutella-König« nennt, entwickelte 1968 das »Überraschungsei«, das sich an das Osterei anlehnt. »Jeden Tag soll für die Kinder Ostern sein«, erklärte er. In Amerika ist es allerdings verboten, weil man die Kombination von Schokolade und Spielzeug für bedenklich erachtet. Das (italienische) Produkt wird übrigens in vielen Ländern mit deutscher Namensbezeichnung verkauft: »Kinder Surprise« (England), »Kinderägg« (Schweden) oder »Kinder-yllätys« (Finnland).

»Mon Chéri« ist weltweit beliebt. In Amerika enthält die Praline statt einer Kirsche eine Haselnuss und keinen Alkohol. In den USA will man verhindern, dass Kinder über Süßigkeiten mit verderblichem Alkohol in Berührung kommen.

Der ehemalige Bonbonkocher Hans Riegel (1893–1945) machte sich mit einem Sack Zucker als Grundkapital in Bonn selbstständig. Die zwei Anfangsbuchstaben seines Namens und der Stadt, in der er sich niederließ, ergaben den Firmennamen HA(ns)-RI(egel)-BO(nn).

Die bekannte Schokolade der 1912 gegründeten Firma Ritter Sport hat ihren Namen nach dem Firmeninhaber Alfred Ritter. Die ursprüngliche Fabrik in Bad Cannstatt lag auf dem Weg vieler Sportfans zum nicht weit entfernten Stadion. Diese deckten sich gern mit Süßem ein. Damit die Schokolade in die quadratische Jackentasche passte, ohne kaputtzugehen, wurde die Tafel ebenfalls quadratisch gemacht. Sie wurde zuerst unter dem Namen »Sport Schokolade« vertrieben, was dann zu »Ritter Sport« wurde.

Marmelade hat im portugiesischen Wort *marmelo* (›Quitte‹) seinen Ursprung. Die Engländer unterscheiden zwischen »jam« und »marmalade«, wobei unter Letzterem Orangenmarmelade verstanden wird. Gegen Ende des 18. Jahrhunderts wurde ein Schiff aus Sevilla durch einen Sturm gezwungen, den schottischen Hafen Dundee anzulaufen. Die Ladung, die aus Bitterorangen bestand, drohte schlecht zu werden, weswegen sie der Geschäftsmann James Keiler für wenig Geld erstehen konnte. Bitterorangen sind zwar »roh« ungenießbar, aber verkocht und gezuckert ergaben sie ein Produkt, das sich in ganz England gut verkaufen ließ. 1982 wurde in Deutschland die Konfitüren-Verordnung erlassen, nach der man den Begriff »Marmelade« nur für Brotaufstriche aus Zitrusfrüchten verwenden darf, während man Konfitüre als allgemeine Bezeichnung benutzt.

Nostradamus (1503–1566) mag heutzutage für seine Voraussagen bekannt sein; zu seiner Zeit beschäftigte er sich durchaus mit handgreiflicheren Dingen. Er veröffentlichte 1555 ein Buch über Kosmetik und Konfitüre (*Traité des fardemens et confitures*), in dem er nicht den Weltuntergang ankündigt, sondern prophezeit, dass derjenige, der seinen Rezepten folgt, gute Ingwer-Konfitüre und selbstgemachtes Marzipan essen wird.

Die Geschichte des Kaugummis geht weit zurück, denn schon die antiken Griechen kauten Mastix, das süße Harz eines Pistazienbaumes. In Schweden wurde ein 9000 Jahre alter Kaugummi aus Birkenpech gefunden. Ebenso benutzten die Mayas und viele nordamerikanische Stämme kaugummiähnliche Substanzen, die aus verschiedenen Baumharzen gewonnen wurden. Von diesen übernahmen ihn die weißen Siedler, und das Kaugummikauen blieb seit damals eine uramerikanische Sache. Auch noch im Jahre 1848 bestanden die in Amerika produzierten Kaugummis wesentlich aus gesüßtem Fichtenharz. Thomas Adams (1818–1905) schuf den ersten modernen Kaugummi. Eigentlich wollte er eine Gummidämpfung für Kutschräder erfinden und stellte dafür eine neuartige Mischung aus Kautschuk und dem Saft des südamerikanischen Breiapfelbaumes her. Allerdings erwies sich der neue Stoff als ungeeignet für Räder. Verärgert wollte Thomas Adams seine Erfindung in den Fluss werfen, doch da beobachtete er ein Mädchen, das ein altmodisches Paraffinwachs-Stück kaute. Er steckte sich also seine Erfindung in den Mund, kaute darauf herum und genoss so den ersten modernen Kaugummi.

Suppe

Die Spartaner liebten zu allen Gelegenheiten die »schwarze Suppe«. Dabei handelte es sich um Schweinefleisch in Blut gekocht und mit Salz und Essig gewürzt. Ein Athener, der in Sparta zu Besuch war, kommentierte stirnrunzelnd das Essen mit den Worten: »Kein Wunder, dass die Spartaner als die Tapfersten gelten. Wer so was isst, muss ja tapfer sein.«

Der Konservenfabrikant Johann Heinrich Grüneberg (1819–1872) erfand 1867 die erste deutsche Instant-Suppe, die Erbswurst. Es handelte sich um einen pastenförmigen Erbsenbrei, der aus einer Tube in kochendes Wasser gedrückt wurde, woraus eine zumindest essbare Suppe entstand. Das preußische Militär interessierte sich für das Produkt und kaufte es seinem Erfinder für 35 000 Taler ab. Bevor es aber im Krieg gegen Frankreich 1870 eingesetzt wurde, mussten zahlreiche Soldaten »Fütterungsexperimente« über sich ergehen lassen, in denen sie wochenlang nichts anderes als die Erbswurst zu essen bekamen. Sie erwies sich als Erfolg und knapp zweitausend Arbeiter waren während des Krieges damit beschäftigt, für die Soldaten 65 Tonnen Erbswurst täglich herzustellen.

Beethoven entließ eines Tages seine Küchenmagd mit der Begründung, sie habe gelogen. Nanette Streicher, die ihm die Küchenmagd vermittelt hatte, versuchte zu schlichten. Beethoven wollte nichts davon hören. Er begründete: »Wer lügt, der hat kein reines Herz, und wer kein reines Herz hat, der macht auch keine reine Suppe!«

Eine berühmte Suppe mit Blumenkohl ist die Dubarry-Suppe, benannt nach Madame du Barry (1743–1793), der Maitresse des französischen Königs Ludwig XV. Vermutlich erhielt das Gericht nicht nur deswegen den Namen, weil die Du Barry gern Blumenkohl aß, sondern ihr hochgestecktes und speziell frisiertes Haar an einen Blumenkohl erinnerte.

Die Firmengeschichte von Knorr beginnt mit Carl Knorr (1800–1875), der in Heilbronn ein Kolonialwarengeschäft unterhielt, in dem er hauptsächlich Kaffeeersatz aus Zichorien verkaufte. Auf der Suche nach neuen Geschäftsideen experimentierte Knorr und konnte schließlich 1870 Mehl aus Erbsen, Grünkern, Bohnen oder Linsen herstellen. Dieses verarbeitete er dann zu »Suppentabletten« weiter.

Der Beitrag des in Amerika geborenen, aber meist in Europa tätigen Benjamin Thompson Graf Rumford (1753–1814) zur Sozialgeschichte ist unschätzbar. Graf Rumford, der sich eine Zeit lang in Bayern aufhielt, bemerkte die drückende Not vieler Leute und beschloss, etwas dagegen zu tun. Deshalb rief er die Armenspeisung ins Leben (für die er eine billig herzustellende, nach ihm benannte Suppe schuf). Seine sozial vorbildliche Idee, die Armen gegen wenig Geld zu verköstigen, war der Beginn von heute nicht wegzudenkenden Einrichtungen: Sowohl die Schulspeisung als auch das Kantinenessen führen ihren Anfang auf Rumford zurück.

Die berühmteste aller Fischsuppen kommt aus Südfrankreich, die Bouillabaisse. Der Name, so die Mehrheit der Etymologen, stammt aus dem Provençalischen *bouiabaisso*, was wiederum von »Bouille peis«, von *bouillir* (›Kochen‹) und *peis* (›Fisch‹) kommt. Vielleicht beschreibt der Name aber nicht nur das Gericht (eben eines aus Fisch), sondern auch, wie es richtig zubereitet wird. Denn wenn die Suppe mit den Fischen zu kochen (*bouillir*) beginnt, muss die Hitze des Herds rasch zurückgestellt werden: »Baisser le feu«.

Wurst

Würste sind eine der ältesten Speisen der Menschheit, und sie waren schon den Sumerern um 3000 v. Chr. bekannt. Während es unklar ist, woraus sich das Wort »Wurst« herleitet, verrät zumindest das englische »sausage« die Zutat Salz, da jenes Wort vom lateinischen *salsus* (›gesalzen‹) stammt. Die Römer aßen traditionell Würste bei den Lupercalia, einem Fest der Liebe, das am 15. Februar zu Ehren des Gottes Faunus gefeiert wurde. Das sexuell Ausschweifende und zudem Heidnische des Festes brachte die Wurst in den Augen der frühen Christen in Verruf. Der Genuss von Wurst wurde 324 n. Chr. unter Kaiser Konstantin den Christen verboten. Daraufhin erblühte ein reger Wurst-Schwarzmarkt, und die verbotenen Produkte wurden im frühen Mittelalter wie heutzutage Drogen unter der Hand verkauft.

Eine der ältesten Komödien der europäischen Dramengeschichte – leider nur als Fragment erhalten – stammt von Epicharmus von Kos (540–430). Ihr Titel: *Orya*, zu Deutsch: *Die Wurst*.

Im Jahre 1522 kam es am 9. März im Hause des Buchdruckers Christoph Froschauer zu einem Skandal, der Zürich und danach die ganze Schweiz erschütterte. Mehrere Anwesende, darunter Ulrich Zwingli (1484–1531), zerschnitten eine Wurst … und aßen sie. Tatsächlich erzeugte das einen unglaublichen Wirbel, denn damit hatte die verwegene Gruppe von Wurstessern das Fasten gebrochen. Als dies bekannt wurde, rief man den Stadtrat ein und übergab die Angelegenheit dem Gericht. Das war natürlich genau die Aufmerksamkeit, die Zwingli auf sich lenken wollte, um seine Thesen gegen die Kirche und das strenge Fasten öffentlich zu äußern.

Die Metzgerzunft trug im ausgehenden Mittelalter auf Festen gerne selbstgemachte, möglichst lange Würste in einem Umzug umher. In Königsberg im Jahr 1583 präsentierten die Metzger eine 360 Meter lange Wurst, die 434 Pfund wog. Dem Vordersten und dem Letzten war die Wurst ein paar Mal um den Hals gebunden, der Wurstzipfel aber hing ihnen als Zopf über den Rücken herab. Die anderen Metzger trugen die Wurst auf ihren Schultern. Überboten wurde das an gleicher Stelle 1601 mit einer 600 Meter langen und 885 Pfund schweren Wurst.

Würste konnte man – zu Zeiten, da der Kühlschrank noch nicht erfunden war – nicht immer gefahrlos konsumieren. Der Dichter Jean Paul (1763–1825) spöttelte: »Wurst ist eine Götterspeise. Denn nur Gott weiß, was drin ist.« Noch ein Konversationslexikon von 1841 bemerkte zum Thema Wurst: »Man hat als Quelle des Übelbefindens das Wurstgift entdeckt, das aus einer Säure (Tier-, Leichen-, Fett oder Blutsäure genannt) besteht, welche sich durch Zersetzung von Blut und Fett in den Würsten bildet. Es sind gewöhnlich geräucherte

Hirn- und Leberwürste, jedoch auch Blutwürste, nach deren Genuss schädliche und selbst tödliche Folgen beobachtet worden sind.«

Im Jahre 1793 teilten sich 13 Bauern aus der Stadt Wildbad brüderlich eine Wurst. Alle starben. Nach dem lateinischen Wort für Wurst (*botulus*) wurde daraufhin diese Art Fleischvergiftung »Botulismus« benannt. Auslöser ist ein das Nervensystem lähmendes Bakterium mit dem Namen Clostridium botulinum. Hätten die Bauern die Wurst für nur wenige Minuten gekocht, wären sie ihrem Schicksal entgangen.

Der deutschstämmige Adolph Luetgert (1845–1899) kam 1870 nach Chicago und wurde als »Wurstkönig« bekannt, weil er eine große, gut gehende Wurstfabrik errichtete. Leider war er auch ein untreuer Ehemann, der gerne und ungeniert fremdging. Um sich seiner eifersüchtigen Ehefrau Louisa Luetgert zu entledigen, verarbeitete er sie tatsächlich zu Wurst, die er mit der Aufschrift L. L. versah. Luetgert wurde verhaftet und 1899 gehängt.

Johann Georg Lahner (1772–1845) entstammte einer armen Handwerkerfamilie. Er entschloss sich, in Frankfurt eine Lehre als Fleischer zu machen. Nach seiner Lehrzeit ging er auf Wanderschaft, und es verschlug ihn nach Wien. Dort versuchte Lahner etwas, was ihm die strenge Fleischerzunft in Frankfurt nie erlaubt hätte:

Er verwendete zur Wurstherstellung zweierlei Sorten Fleisch, nämlich Schwein und Rind. Dabei erhoffte er sich, dass sich der Geschmack der beiden verstärkte. Zudem räucherte Lahner die Wurst kurz, aber sorgfältig. Im Schaufenster seiner Wiener Niederlassung hingen zum ersten Mal am 15. Mai 1805 »merkwürdige Gebilde«, wie ein Passant berichtete. Lahner nannte sein neues Produkt zuerst »Lahners Würstel«, danach aber nach seinem Ausbildungsort »Wiener Frankfurter«. Diese sind dann als »Wiener Würstchen« bekannt geworden. Sie heißen überall so, außer in Wien, dort heißen sie »Frankfurter«.

Zu erklären, warum Parmaschinken einen so guten Ruf hat, lehrt viel über Schinken. In den nördlichen Ländern wird Schinken bevorzugt geräuchert, während man im südlichen Teil Europas diesen an der Luft trocknet. Das italienische Dorf Parma ist so gelegen, dass sich die feuchte Meeresluft an einem Gebirgszug abregnet, weswegen nur äußerst trockene Luft den aufgehängten Schinken fast zwei Jahre reifen lässt. Zudem wird nur eine bestimmte Schweinesorte benutzt, die nach spezieller Mast das Ausgangsprodukt bildet. Die Schweine werden hauptsächlich mit der Molke aus der Parmesankäse-Herstellung gemästet, was dem Fleisch zusätzlich einen besonderen Geschmack gibt.

Der Ausdruck »Hot dog« (»heißer Hund«) für ein in ein Brötchen gestecktes Würstchen verwirrt auf den ersten Blick, weil dieses mit oder ohne Senf bestrichen kei-

nerlei Ähnlichkeit mit einem Hund aufweist. Tatsächlich lässt sich wenig mehr Erklärendes dazu bemerken,
außer dass es sich bei »dog« um einen Slang-Ausdruck
für »Wurst« handelt. Nach einer Geschichte soll Harry
Stevens, der vor dem New Yorker Sportstadion Würstchen verkaufte, um 1900 den Ausdruck »Hot dog« als
erstes auf einer Tafel verwendet haben, weil er nicht
wusste, wie sich »Frankfurter« schreibt.

Zucker und Honig

Zwar berichtet schon Alexander der Große von seinem Indien-Feldzug, dass die Inder aus Zuckerrohr etwas zum Süßen herstellten, doch war nicht Zucker, sondern Honig über die Jahrhunderte der wichtigste Süßstoff von Speisen. Den Römern war es gelungen, eine zahme Bienensorte zu züchten, und infolgedessen gehörte es zu den üblichen Aufgaben eines römischen Landwirts, Bienen zu halten und Honig zu gewinnen. In Athen und Rom wurde Zucker dagegen überwiegend als Medizin benutzt. Leichtes Unverständnis gegenüber dem weißen Süßstoff spiegelt Plinius' (23–79) Äußerung wider, in der er Zucker als »gefrorenen Honig« definiert.

Im Mittelalter hatte Zucker – wie das *Tacuinum Sanitatis*, ein Gesundheitsführer aus dem 14. Jahrhundert, berichtet – in den Augen der damaligen Zeit die unerwünschte Nebenwirkung, reizbar zu machen. Ein Hauch von Alchemie umweht ihn. So schlägt der Arzt Marsilio Ficino (1433–1499) in seinem 1489 erschienenen Gesundheitsratgeber *De vita* vor, Menschenblut (ersatzweise Schweineblut) mit Zucker zu vermischen, um die Lebenserwartung einer Person übernatürlich zu verlängern. Zudem war Zucker rar und teuer, so dass man um 1500 für den Preis von 5 Kilogramm ein Pferd hätte erstehen können.

Im Jahre 1506 begannen die Spanier in der Neuen Welt systematisch Zuckerrohr anzubauen und brachen so das Monopol des Honigs als Süßungsmittel. Trotzdem blieb der Zucker lange für die europäische Küche exotisch, was man daran sehen kann, dass auch noch zu Zeiten des Sonnenkönigs Ludwig XIV. Zucker lediglich in der Apotheke zu erhalten war. Berufe wie Tortenbäcker oder Pralinenmacher spiegeln die Einschätzung der damaligen Zeit wider, dass zum Umgang mit den süßen Kristallen ein Fachmann vonnöten ist. Als Prinzessin Anna, Tochter des Königs von Valencia, 1578 den Grafen Medinaceli heiraten wollte, gab der König einen Hochzeitskuchen in Auftrag. Zu diesem Zweck kam der Apotheker (!) Johan Gilabert und buk für die Brautleute einen Kuchen mit viel Zucker.

Noch im 16. Jahrhundert klassifizierte man Zucker als Gewürz. Viele waren unsicher, wie sie die weißen Kristalle einsetzen sollten. So servierte man gern stark gezuckerten Fisch oder mit Zucker bestreute Austern. Um den Wein zu süßen, verzichtete man bis zur Mitte des 19. Jahrhunderts auf Zucker. Man zog Bleiacetat vor, das süß schmeckte und als gesundheitlich unbedenklich galt. Leider zu Unrecht. Beethoven, der täglich größere Mengen so versetzten Weins trank, starb an einer Bleivergiftung.

Ein Grund für die allmähliche Verbilligung des Zuckers in der Neuzeit war sein Anbau in der Neuen Welt. Das blieb nicht lange so. Allmählich stieg, nachdem eine größere Nachfrage vorhanden war, der Preis durch erhöhte Einfuhrzölle wieder. Die Staaten, die keine Kolonien hatten, fühlten sich in die Enge getrieben. Die einheimische Honigproduktion war durch den trotz allem günstigeren Zucker zusammengebrochen. Und das Verlangen danach wuchs: Um 1800 betrug der europäische Jahresbedarf an Zucker bereits 10 Millionen Zentner.

Die Qualität variierte stark: Vom besten, Königszucker, zum schlechtesten, dem sogenannten Lumpenzucker, klaffte geschmacklich und in der Konsistenz eine große Lücke. Besonders der Kaffee und der gern gesüßt getrunkene Tee bereiteten den Weg für den Aufstieg der weißen Kristalle. Allerdings veränderte eine erhöhte Nachfrage die Preise ungünstig. Kein Wunder also, dass man versuchte, neue Möglichkeiten der Zuckergewinnung zu finden.

Der bei den Amerikanern zum Frühstück beliebte Ahornsirup war einer der neuen Wege, den anderen beschritt ein deutscher Wissenschaftler mit Namen Markgraff, dem es schon 1762 gelang, aus Rüben Zucker herzustellen (wodurch man das Zuckerrohr als Hauptlieferant ersetzen konnte).

Napoleon schrieb 1810 eine Prämie von einer Million Francs für denjenigen aus, der ihm die beste Methode der Zuckerproduktion aus Rüben vorstellen konnte. Das war die Geldsumme durchaus wert, da die Engländer den Zuckerhandel samt Preisen kontrollierten. Allerdings musste Napoleon einiges an Spott ertragen. Eine Karikatur von 1811 zeigt ihn, wie er mit seinem Sohn vor einer Tasse Kaffee sitzt. Napoleon quetscht eine Rübe über dem Kaffee aus, und sein Sohn hat ein Stück Rübe im Mund. Unter der Karikatur steht: »Saug mein Sohn, der Kaiser sagt, das ist Zucker.«

Die »Runkelrübenzuckerfabrikation« hatte einen entscheidenden Vorteil gegenüber dem Zuckerrohr: Die Rüben wuchsen im eigenen Land. Der daraus gewonnene Zucker war nicht schlechter als der teuer importierte Rohrzucker. Schon 1839 gab es in Frankreich 370 Rübenzuckerfabriken, welche 90 Millionen Kilogramm Zucker lieferten, in Preußen wurden 70 Millionen, in Österreich 79 Millionen produziert. Den Zuckerkonsum hielt man damals noch für unbedenklich. Ein Arzt namens Stark wollte demonstrieren, dass sich der Mensch allein vom Zucker ernähren könnte. Monatelang aß er nichts anderes als Zucker – und starb.

1898 wurde »Brad's Drink« vom Apotheker Caleb Davis Bradham (1867–1934) auf den Markt gebracht. Um auf das für die Verdauung förderliche Enzym Pepsin – das er aus der Kola-Nuss gewann – hinzuweisen, änderte er den Namen auf »Pepsi-Cola«. 1923 musste seine Firma Bankrott erklären, weil die Zuckerpreise nach dem Ersten Weltkrieg ins Astronomische gewachsen waren. Bradham verkaufte sein Lebenswerk und wurde wieder Apotheker; Pepsi eroberte unter neuer Führung die Weltmärkte.

Nicht jeder Honig ist essbar. Wenn Bienen zu giftigen Pflanzen fliegen, wie dem Oleander oder der Azalea, kann der daraus gewonnene Honig durchaus fatale Wirkungen auf den Menschen haben. Als der römische Feldherr Pompeius (106–48 v. Chr.) gegen Mithridates und seine Verbündeten, die Heptakometes, durch die engen Täler Kleinasiens zog, entdeckten seine Soldaten wilde Bienenstöcke, über deren Honig sie sich hungrig hermachten. Schon nach kurzem spürten sie die Folgen ihres unvorsichtigen Genusses. Verwirrt und von Bauchschmerzen geplagt wurden sie von den Heptakometes angegriffen, die einen leichten Sieg davontrugen. Jene hatten den vergifteten Honig absichtlich auf dem Marschweg von Pompeius' Heer zurückgelassen.

In der Bibel wird das Heilige Land, das Moses versprochen wurde, als Land bezeichnet, in dem »Milch und Honig« fließen (Exodus 33,3). Bienenhonig war in den eher kargen Regionen des heutigen Nahen Ostens selten. Stattdessen machte man aus Datteln einen zuckersüßen, aber sehr gesuchten Sirup, den man »devash« nannte, und der ist gemeint, wenn die Bibel von »Honig« spricht.

Henry Tate (1819–1899) gründete die Tate Gallery in London, die unter anderem eine unübertroffene William-Turner-Sammlung enthält. Der als Pfarrerssohn geborene Kunstsammler hatte sich zum Millionär mit einer einzigen genialen Idee hochgearbeitet. Tate hatte das Patent auf Zuckerwürfel. Die simple, aber geniale Idee, Zucker zu portionierbaren Quadern zu machen, machte ihn reich.

Getränke

Alkohol tötet langsam. Na und – wir haben keine Eile.

George Courteline

Alkohol

»Alkohol«: Das Wort ist arabischen Ursprungs (*al kohl*) und bezeichnete seltsamerweise zuerst ein dunkles Pulver aus dem Metall Antimon, das zum Schwärzen der Augenlider im arabischen Kulturkreis gebraucht wurde. Den Europäern schien so einiges, was aus dem fernen Arabien kam, ein Produkt geheimnisumrankter Alchemie zu sein. Die europäischen Gelehrten begriffen das schwarze Antimon-Pulver als »Essenz« des Metalls und als solches »geisterte« es durch die Literatur im Mittelalter.

Im 11. Jahrhundert destillierte man zum ersten Mal reinen Alkohol, aber gab ihm zunächst den Namen »Lebenswasser« (*aqua vitae*), weil man ihm nachsagte, lebensverlängernd zu wirken. Da der destillierte »Alkohol« gewissermaßen die Essenz des Weines ist, übertrugen die Leute den Namen gegen 1500 auf das neue Produkt, das sie »alcohol vini« (›Essenz des Weines‹) nannten.

Anfangs wurde der durch Destillation (statt wie Wein oder Bier aus Gärung) gewonnene Alkohol überwiegend medizinisch gebraucht, bis man um 1450 begann, hochprozentigen Alkohol auch als Getränk zu verwenden. Die deutschen Gesetze gegen öffentliche Trunkenheit wurden just zu dieser Zeit verschärft. Um diese Zeit entstand auch der schottische Whisky, Gin und Rum folgten im 16. und 17. Jahrhundert.

Don't drink and drive – Auch im Mittelalter war es nicht gefahrlos, nach dem Besuch einer Kneipe den Nachhauseweg im betrunkenen Zustand anzutreten. Einige Polizeiakten sind erhalten geblieben, die festgehalten haben, was so alles passieren kann. Ein Mann kam zu Tode, als er betrunken nach Hause ritt und vom Pferd fiel. Ein anderer stürzte in den Brunnen der Stadt (die Straßen waren damals noch nicht beleuchtet) und ertrank. Ein dritter wurde von einem streunenden Hund angegriffen. Als er sich nach einem Stein bücken wollte, stolperte er und schlug sich den Kopf am harten Pflaster auf und starb. Eine betrunkene Frau schaffte es zwar nach Hause, als sie aber für ihr Baby eine warme Milch kochen wollte, rutschte ihr das Kind aus der Hand und fiel in die kochende Milch.

Um 1740 waren ein Viertel der Häuser in einigen Gegenden Londons Gin-Läden. Die Geburtenrate sank um diese Zeit drastisch, weil der Alkoholkonsum (durchschnittlich 60 Liter Gin pro Person und Jahr) die Männer und Frauen steril machte, vielleicht auch nur träge. Praktisch die ganze arme Bevölkerung war abhängig von der Spirituose. Die britische Regierung, die wertvolle Devisen in die Hände der holländischen Gin-Produzenten fließen sah, erhöhte kurzerhand die Steuern auf Gin … nur um sich 1743 in den sogenannten Gin-Aufstand versetzt zu sehen, in dem empörte Bürger und nicht wenige ernsthafte Trinker die Rücknahme der Preiserhöhung forderten und in den Straßen von London randalierten.

Absinth – zu seiner Zeit wegen seiner Farbe als die »Grüne Fee« bekannt – wurde vermutlich 1792 von dem französischen Arzt Dr. Ordinaire erfunden, der ihn zur Stärkung der Patienten einsetzte. Die Spirituose zeichnete sich durch einen hohen Alkoholgehalt von bis zu 72 Prozent aus. In Frankreich war sie das beliebteste hochprozentige Getränk, bis Absinth 1915 wegen dessen angeblich verheerenden gesundheitsschädlichen Auswirkungen verboten wurde. Die Zeit um 5 Uhr am Nachmittag nannten die Franzosen die »grüne Stunde«. Absinth war billig und berauschend; zudem galt er als »schick«, so dass er als einziges alkoholisches Getränk auch von Frauen in der Öffentlichkeit getrunken werden konnte.

Der Dichter Oscar Wilde (1854–1900) wurde gefragt, wie es sei, Absinth zu trinken. Er antwortete: »Nach dem ersten Glas siehst du die Dinge so, wie du willst, dass sie sind. Nach dem zweiten so, wie sie nicht sind. Und nach dem dritten«, erläuterte Wilde, »so wie sie wirklich sind, und das ist das Schlimmste am Absinth.«

Ernest Hemingway mischte sich aus Absinth und kaltem Champagner einen Cocktail, den er mit Vorliebe trank. Er gab diesem sogar einen Namen: »Tod am Nachmittag«.

Um 1850 entwickelte sich zum ersten Mal in der Geschichte Europas ein Gefühl dafür, dass Alkoholismus schädlich sein könnte. Gerade die schlecht bezahlte, arbeitende Masse suchte Trost im erschwinglichen Absinth, anstatt in 12- bis 16-Stunden-Schichten an einer Maschine ihre Arbeit zu verrichten. Absinth geriet ins Schussfeld von Alkoholgegnern. Allerdings konnte ihr Vorwurf, Absinth würde mehr als anderer Alkohol sowohl Geist als auch Körper krank und im besonderen Maße süchtig machen, von neueren Untersuchungen nicht bestätigt werden. Absinth ist wieder erhältlich.

Grog, eine Mischung aus Rum, Zucker und heißem Wasser, wurde ständig auf großen Segelschiffen konsumiert. Gelegentlich wird vermutet, es handele sich bei dem Namen um eine Abkürzung für »Grand Rum of Grenada«, aber das lässt sich nicht belegen. In Wirklichkeit ist er nach seinem Erfinder Edward Vernon (1684–1757), einem Marineoffizier, benannt, der den Spitznamen »Old Grog« trug (»grogram« ist eine seltene Wollsorte, aus der Vernons Lieblingsmantel gemacht war).

Ironischerweise erfand Vernon den Grog mit der Absicht, den Alkoholkonsum der Matrosen einzuschränken, denn zuvor tranken sie puren Rum. Durch die Zugabe von Wasser sollte er »leichter« werden. Was dabei herauskam – auch dank des Zuckers – schmeckte allen viel besser als Rum. Die Matrosen tranken reichlich, und gerade in den Häfen gab es kein Halten. »Die Gesellschaft zerfällt in zwei Teile«, bemerkte der australische Arzt Dr. George Mackaness im 18. Jahrhundert, »in einen Teil, der Grog verkauft, und in einen anderen, der Grog trinkt« (das Wort »groggy« hat von diesem Getränk seinen Ursprung). Zwischen 1800 und 1820 versuchte die australische Regierung als erste, etwas gegen den Grogkonsum zu unternehmen und die Bevölkerung an weniger schädliches Bier zu gewöhnen. Seitdem ist Australien ein Biertrinkerland, und Bierbrauen gehört zur festen Tradition.

Bis ins 19. Jahrhundert hinein war es geradezu ein absurder Gedanke, Wasser zu trinken. Zum einen war es für Tiere bestimmt, zum anderen hatte Wasser gesundheitsbedenkliche Eigenschaften. Es galt beispielsweise als gefährlich für die Verdauung. Der arabische Philosoph Avicenna, der einen großen Einfluss auf das Mittelalter hatte, riet höchstens eine kleine Menge Wasser am Ende einer Mahlzeit zu trinken, nie des Nachts. Zu viel könnte der Gesundheit schaden, weswegen man Bier und Wein vorzog. Erst der Einfluss der Antialkohol-Bewegung und die Verbesserung der Wasserqualität während der Industrialisierung der Städte Mitte des 19. Jahrhunderts machte Wasser wirklich als Getränk populär. (Trinkwasser trug allerdings noch die Schuld an der Verbreitung der Cholera in Hamburg 1892.)

Der englische Ausdruck für die Bewegung, die alkoholische Abstinenz fordert, ist »Teetotalism«. Das seltsame Wort hat nichts mit »Tee« zu tun. Nach einer Geschichte wurde es 1832 geprägt, als ein stotterndes Mitglied der Abstinenzbewegung, Dickie Turner, in einer Rede betonte, dass nichts wichtiger sei als »tee-tee-tee-totaler ...« Verzicht auf Alkohol.

Alfred Hitchcock (1899–1980) veranstaltete in seiner Villa in der Bellagio Road gerne »Blaue Dinners«. Den Gästen wie zum Beispiel James Stewart wurden blau gefärbte Getränke, blaues Steak und blaue Kartoffeln serviert. (Das hielt der Altmeister des Films für lustig.)

Der australische Schauspieler Errol Flynn (1909–1959) war in seinen späteren Jahren alkoholabhängig. Da die Studios davon wussten, verboten sie Flynn, etwas während der Dreharbeiten zu einem Film zu trinken. Der Schauspieler nahm eine Spritze und injizierte Wodka in Orangen, die er genüsslich verspeiste.

Der Unternehmer Carl Mampe (1857–1899) brachte eine Arznei gegen Magenprobleme unter dem Namen »Mampes bittere Tropfen« heraus. Die in würfelförmigen Flaschen verpackte Medizin wollte niemand nehmen, weil sie so bitter war. Da deklarierte er sein Produkt einfach um, nannte es »Mampe Halb und Halb« und gab es als Kräuterlikör heraus … plötzlich wollten ihn alle trinken, und seine Kreation wurde als Tafelgetränk ein großer Erfolg.

Ein Amsterdamer Apotheker mit Namen Kamp, später Boonekamp, entwickelte um das Jahr 1780 eine Bitterspirituose, die aus zahlreichen Kräutern gemischt war. Der Extrakt wurde populär, und das, obwohl es jedes Mal ein bisschen anders zusammengesetzt wurde. Der Rheinländer Hubert Underberg (1817–1891) übernahm die nach seiner Meinung beste Mischung des Boone-kamp und brachte sie unter der Bezeichnung »Boone-kamp-Underberg« 1846 zum ersten Mal in den Handel. Sein Erfolgsrezept lautete »semper idem« (»immer das Gleiche«), was er auch auf das Etikett drucken ließ. Der Underberg, wie er seit dem Ersten Weltkrieg heißt, schmeckt seitdem, trotz zahlreicher Zutaten, immer gleich.

Heute wird »Knickebein« nur noch für Pralinen ver-wendet. Dabei handelt es sich um einen der ersten cock-tailähnlichen Schnäpse, der aus einer Lage Weinbrand, einer Schicht Eigelb und einer weiteren Lage Weinbrand besteht. Der absonderliche Name »Knickebein« be-schreibt treffend die Wirkung des alkoholhaltigen Ge-tränkes.

Hugo Asbach (1868–1935) verdanken wir nicht nur den Asbach Uralt (1892) und zwei ins Ohr gehende Werbe-sprüche (»Im Asbach Uralt ist der Geist des Weines«; »Wenn einem so viel Gutes widerfährt, das ist schon ei-nen Asbach Uralt wert«), sondern auch die Erfindung des Begriffes »Weinbrand«. Asbach wollte nämlich ein alkoholisches Getränk herstellen, das dem französischen Cognac ebenbürtig war. Der Versailler Vertrag von 1918 verbot jedoch den deutschen Alkoholherstellern »Co-gnac« als Markenbezeichnung, so dass sich in der Folge-zeit »Weinbrand« als allgemeingültiges Synonym durch-setzte.

Nicht im Tequila, sondern im Mezcal, einem Agaven-schnaps, ist ein Wurm. Dies beruht nicht auf einer besonderen altehrwürdigen mexikanischen Tradition, sondern dabei handelte es sich ursprünglich lediglich um einen Marketing-Gag des Unternehmers Jacobo Lozano Paez aus dem Jahre 1950. Das Macho-Image der Spirituose und die Tatsache, dass es beim Trinken des Mezcals nicht auf den feinen Geschmack ankommt, ließen diese Idee einen Erfolg werden. Es handelt sich genau genommen nicht um einen Wurm, sondern um eine Schmetterlingslarve, die auf der Agave lebt. Zahlreiche von ihnen werden sowieso bei der Herstellung von Mezcal mit verkocht.

Der Caipirinha ist ein Cocktail, der den in Brasilien sehr populären Zuckerrohrschnaps Cachaca beinhaltet. Der Name leitet sich von »Caipira« ab, was eine Hinterwäldlerin oder eine Frau vom Land bezeichnet. *Caipirinha* bedeutet ›Getränk einer Hinterwäldlerin‹.

Der Ursprung des Cocktails Bloody Mary (die nichtalkoholische Variante nennt man Virgin Mary) lässt sich bis auf ein Jahr angeben, genau gesagt, man weiß nicht, ob ihn der New Yorker George Jessel 1939 oder der amerikanische Barmann eines Pariser Hotels, Fernand Petiot (1900–1975), 1940 zum ersten Mal einschenkte. Zuerst sollte der Cocktail nach dem Fisch Red Snapper heißen, aber dann setzte sich wegen der tiefroten Farbe Bloody Mary durch. Nicht nur der Tomatensaft, sondern auch der russische Wodka, den man dafür verwendet, ist für einen amerikanischen Drink ungewöhnlich.

Glasgläser waren bereits zur Zeit der Römer in Verwendung. Diese bezogen sie hauptsächlich aus dem Kölner Raum, damals eine Hochburg der Glasherstellung, begünstigt vom besonders sauberen Sand des Rheines. Dann aber vergaßen die Menschen die Kunst des Glasmachens im frühen Mittelalter fast ganz. Die Kirche war dagegen, weil sie die Fertigkeit der Glasherstellung, die vor allem von den Germanen und Kelten ausgeübt wurde, als heidnisch deklarierte. Als dann die Franken wieder damit beginnen wollten, Gläser zu produzieren, kamen wegen der mangelnden Erfahrung nur unschöne Dinge dabei heraus. Erst im 16. Jahrhundert war man wieder so weit, technisch und ästhetisch hochwertige Trinkgefäße aus Glas herzustellen.

Bier

Die Sumerer erfanden zwischen 5000 und 3000 v. Chr. die Bierbrauerei. Vermutlich war es einfach so, dass Brot eines Tages nass wurde und zu gären begann. Im *Gilgamesch*-Epos – dem vielleicht ältesten Stück Literatur überhaupt – soll der verwilderte Enkidu, der mit den Tieren der Steppe lebt, zum Menschen gemacht werden. Eine Tempeldirne gibt ihm Brot, körperliche Liebe und sieben Humpen Bier. Bier zu trinken macht hier – im Gegensatz zu sämtlichen Oktoberfest-Bierzelt-Erfahrungen – den Menschen erst zum Menschen.

Wie die Sumerer Bier brauten, darüber gibt eine sumerische Tafel Auskunft, die »Monument Bleu« heißt (nach dem Entdecker Monsieur Bleu benannt). Die Sumerer kannten zwanzig Sorten Bier, die wichtigsten zwei waren ein leichteres, süßes für die Frauen aus Emmer, das mit Honig und Zimt gewürzt war, und ein stärkeres, bitteres für die Männer, das mit Wolfsbohnen versetzt war. Es schwamm allerlei Ungefiltertes im Bier, so dass es viele vorzogen, das Getränk durch ein langes Rohr zu trinken, um nicht allzu viel von den festen Bestandteilen zu schlucken. Derart beliebt war damals das Biertrinken, dass die halbe Getreideernte für das Brauen des alkoholischen Getränkes aufgebraucht wurde. Die Äcker waren im Besitz des Staates, dem es oblag, Bier und Brot herzustellen und jedem Bürger gemäß seinem Stand zwei (Arbeiter) bis fünf Kannen (Priester, Hofangehörige) Bier täglich zur Verfügung zu stellen. Wer

Bier heimlich herstellte oder panschte, der wurde nach den Gesetzen des Hammurabi in einem Bierfass ertränkt. Bier diente zudem als Zahlungsmittel. Für eine Beerdigung musste man dem Priester sieben Krüge Bier und 400 Brote geben. Erst zu Zeiten des Königs Urukagina (gest. 2371 v. Chr.), der als volksnaher Reformator galt, gab es eine Bestattung bereits für drei Krüge Bier und 320 Brote.

In den sumerischen Königslisten ist nur eine einzige Frau erwähnt, die es auf den Königsstuhl geschafft hat. Sie hieß Kubaba (um 2400 v. Chr.) und hatte eine gut gehende Wirtschaft, in der sie Bier ausschenkte. Das Bier war so gut, dass sich immer mehr Leute um die Wirtschaft herum niederließen, bis schließlich eine ganze Stadt entstand, die man Kish taufte, als deren Königin Kubaba, die Wirtin, ausgerufen wurde.

Auch die alten Ägypter tranken gern Bier. Doch deren Geschmacksnerven verlangten viel süßere oder herbexotisch gewürzte Biere, als es die Sumerer gebraut hatten. Anis, Safran, Alraun, gelegentlich auch Rettich kamen in das Getränk, um das Bier schmackhafter zu machen. Griechen und Römer, die sich in Ägypten aufhielten, waren wenig begeistert von dem Gebräu. Plutarch berichtet von einem Bier, das so stark gewesen sei, dass »es Elfenbein auflösen konnte«. Plinius d. Ä., dem ein Bier mit Eichenrinde-Stücken vorgesetzt wurde, kommentierte schlicht: »Widerlich!«

Trotzdem spielte »Hek«, wie die Ägypter ihr Bier nannten, für die Ernährung der meisten Leute eine enorme Rolle. »Bier-Brot« war das Wort für die Essenszeit, in der die einfachen Leute Bier, Brot, Trockenfisch und Zwiebeln zu sich nahmen. Wie bei den Sumerern zahlte man ebenso im alten Ägypten mit Bier; selbst die angeheiratete Königin ließ sich im Ehevertrag täglich zwei Krüge Bier und zehn Brote zusichern. Den Göttern opferte Ramses II. (1200 v. Chr.) einmal 100 000 Liter Bier, um deren vermeintlichen Zorn zu dämpfen.

Natürlich blieb reichlicher Alkoholgenuss auch in der Antike nicht ohne Auswirkungen. Ein eher dem Weintrinken verfallener Grieche bemerkte über die Ägypter: »Wenn sie Bier trinken, werden sie lustig, tanzen und singen.« Bier aber wurde die ganze Zeit getrunken. Ging ein vornehmer Ägypter in ein Wirtshaus, mit der festen Absicht sich zu betrinken, nahm er in der Regel zwei Sklaven und eine Trage mit, damit der Heimweg in Ermangelung eines noch nicht erfundenen Taxis gesichert war.

Der Philosoph Aristoteles (384–322) beschäftigte sich durchaus auch mit berauschenden Getränken. Er kam zu folgender erstaunlicher Einsicht: »Wer zu viel Bier trinkt, der kippt nach hinten um, wer aber Wein trinkt, der kippt nach allen Seiten um.«

Bei den Griechen und Römern war Bier zwar bekannt, galt aber als Getränk für arme Leute. Noch der römische Kaiser Julian (332–363) dichtete spöttisch: »Nach Nektar duftet Wein, nach Bock das Bier.« Allerdings hatte sich das Bier in Rom durch den Kontakt mit den Kelten schon längst verbreitet. Auch der Handel mit anderen Völkern ließ durch die riesige Ausdehnung des Römischen Reiches von allen Seiten Bier nach Rom fließen. Ein besonders beliebtes thrakisches Bier hieß »Sabaium«. Das trank Kaiser Valens (328–378), der Nachfolger von Kaiser Julian, so gern, dass er den wenig schmeichelhaften Beinamen »Sabaiarius« bekam.

Bier spielt in alten Sagen eine große Rolle. Im finnischen *Kalevala*-Epos sind zweihundert Verse für die Entstehung der Welt reserviert, aber vierhundert dafür, wie man gutes Bier braut. Auch die Germanen berücksichtigen den Trank in ihren Erzählungen: Der böse germanische Gott Loki fordert seinen Bruder, den Donnergott Thor, zu einer Trinkprobe heraus, indem er wettet, dass er ein Horn mit Bier gefüllt nicht leer trinken könne. Thor nimmt an und versucht das Horn mit Bier auszutrinken. Doch Loki hatte ihn getäuscht, indem er einen Schlauch ans Ende des Hornes befestigte, der ins Meer führt. Mit Zauberei schafft es Loki, dass das Meerwasser nach Bier schmeckte. Selbst der Donnergott Thor konnte so viel Bier nicht trinken und musste seine Niederlage eingestehen. Diese Geschichte galt bei den Germanen als Erklärung für den Gezeitenwechsel von Ebbe und Flut.

Die Mönche der frühen Klöster wurden zuerst von der germanischen Bevölkerung mit Bier versorgt. Es galt zunächst als unchristlich, im Gegensatz zum Wein, und in der Synode in Aachen im Jahr 817 überlegte sich die Kirche, ob sie das Gebräu verbieten soll. Doch da man darin eine heilende Wirkung vermutete, konnten sich die Anwesenden nicht dazu durchringen.

In den Klöstern selbst war das Essen spärlich, und es wurde zu vielen Gelegenheiten gefastet. Trinken allerdings durfte ein Mönch, so viel er wollte. Man entdeckte schnell, dass das dickflüssige Bier satt macht, wodurch man das Fastengebot umgehen konnte. Die Klöster begannen Felder mit Getreide anzulegen und studierten die alten Schriften auf Hinweise darauf, wie gutes Bier zu brauen war. Man experimentierte mit zahlreichen Bierbeigaben: Wermut, Fenchel, Wacholder, Nelken, Salbei, Kirschblüten, Eichen-, Kiefern- und Birkenrinde oder Ochsengalle.

Jedem Mönch standen täglich etwa fünf Maß Bier zur Verfügung, wie viel aber eine Maß war, schwankte zwischen einem und zwei Litern (der Begriff »Maß« hat hier seinen historischen Ursprung). Das hatte Folgen: Der Erzbischof von England ließ beispielsweise verlautbaren: »Ist ein Priester dermaßen besoffen, dass er die Psalme nur noch lallen kann, muss er zwölf Tage von Brot und Wasser leben. Ist ein Mönch so betrunken, dass er sich übergibt, muss er dreißig Tage Buße tun. Hat sich ein Bischof so volllaufen lassen, dass er auf die Hostie kotzt, hat er neunzig Tage zu büßen.«

Aus dem Kloster Weingarten ist die Menge an Bier bekannt, die jenes Kloster jährlich verbrauchte: 47 000 Liter. Dabei ist zu berücksichtigen, dass Bier nicht nur getrunken wurde, sondern die Mönche auch damit das

Vieh wuschen oder Mörtel anrührten. Die Klosterbrauereien begannen, ihr Bier zu verkaufen und erzielten enorme Gewinne. Ein Nürnberger Kloster handelte so einmal mit 300 000 Liter Bier. In Deutschland gab es im Hochmittelalter schließlich 500 Klosterbrauereien, die zehn Millionen Deutsche mit Selbstgebrautem versorgten. Neben den Klosterbrauereien gab es noch private Brauereien, die aber oft vom Fürsten mit einem Brauverbot belegt wurden, wenn durch eine Missernte das Getreide fürs Brotbacken knapp wurde. Die privaten Brauereien konnten zudem nur schlecht mit den kostengünstig produzierenden Mönchen mithalten. Erst die Reformation und etwas später der Dreißigjährige Krieg brachen die Bier-Vormachtstellung der Klöster.

Der deutsche Schutzherr des Bieres ist der im Mittelalter lebende Gambrinus, der das Bierbrauen erfunden haben soll. Wer Gambrinus genau war, darüber besteht keine Einigkeit. Eine Legende erzählt, dass er aus den Niederlanden stammt und sich in ein reizendes Mädchen mit Namen Flandrine verliebt haben soll. Diese aber fühlte sich nicht im Mindesten zu ihm hingezogen. So litt Gambrinus an seiner unerfüllten Liebe, bis eines Tages der Teufel um die Ecke kam und ihm versprach, dass er ihm helfen könne, sich das Mädchen aus dem Kopf zu schlagen, wenn er ihm dafür seine Seele überlassen würde. Von Liebesschmerzen gepeinigt stimmte Gambrinus zu. Der Teufel lehrte ihn, wie man Bier braut, und so konnte er seine unglückliche Liebe ertränken.

Die andere Geschichte identifiziert Gambrinus mit Herzog Johann I. von Brabant (1250–1294). Sein tragisch-komisches Ende hat ihn zum Bierheiligen werden lassen. Der Herzog trug auf einem Ritterturnier einen Zweikampf gegen einen Franzosen aus. Allerdings war der deutsche Herzog ein hervorragender Fechter, der kaum zu schlagen war. Da rief der Franzose: »Ja, was soll das denn? Ihr fechtet zu zweit gegen mich.« Herzog Johann drehte sich um, um zu sehen, wer denn damit gemeint sei. Das nutzte der Franzose wiederum aus und erstach ihn hinterrücks. Über den Sterbenden gebeugt, höhnte er: »Zu zweit seid Ihr, denn ich meinte Euch und Euer Bier, das Ihr gestern Abend getrunken habt.«

Die Pilgerväter, die in Plymouth an Land gingen, wollten eigentlich viel weiter südlich ankern, doch da ihnen der Biervorrat ausging, fühlten sie sich gezwungen, die Fahrt zu beenden: »Es war uns unmöglich, unsere Reise fortzusetzen, wir litten Mangel an Lebensmitteln, besonders an Bier«, jammerten sie am 19. Dezember 1620, als sie an Land gingen.

Bier war gerade bei Reisen oder in fernen Ländern mit weniger Risiko behaftet als das oftmals verschmutzte Wasser, so dass es in der ersten amerikanischen Schule, die die Pilgerväter einrichteten, pro Schüler zwei Liter Bier täglich zu trinken gab.

Im Deutschland des späten 16. Jahrhunderts gab es strenge Vorschriften, wie lange Bier ausgeschenkt werden durfte. Ein Trommler ging Punkt neun Uhr durch die Stadt und zeigte an, dass ab jetzt nichts mehr angeboten werden durfte. Kontrolleure kamen in die Wirtschaft, die mit Kreide einen Strich an die Zapfhähne machten, anhand dessen leicht festgestellt werden konnte, ob der Zapfhahn noch einmal geöffnet worden war. Daraus wurde später der »Zapfenstreich«.

Im ausgehenden Mittelalter war Deutschland zweigeteilt; im Norden wurde munter gebraut, im Süden trank man lieber Most und Wein. Um 1550 musste Bier teuer aus den nördlichen deutschen Ländern nach Bayern importiert werden, weil es in Bayern weit und breit keine privaten Brauereien gab (nur die klösterlichen). Wilhelm V. (1548–1626) aus Bayern hatte schließlich die Nase voll davon, sein ganzes Geld in den Norden abwandern zu sehen, und gründete 1589 das Hofbräuhaus in München (Gäste bewirten durfte man erst seit 1828). Mit den reichlich fließenden Einnahmen aus dem Bierverkauf rüstete er seine Armee im Dreißigjährigen Krieg aus.

Das bayerische Reinheitsgebot, nach dem nur Hopfen, Malz, Hefe und Wasser in ein Bier gehörten, wurde 1516 erlassen. Die Qualitätskontrolle war zu Anfang recht seltsam. Zwei Kontrolleure in Lederhosen erschienen unangekündigt in der Brauerei, verlangten eine Bank und dass darüber ein Liter Bier ausgegossen wurde. Nun setzten sie sich, ohne sich zu rühren, darauf. Nach Ablauf von zwei Stunden erhoben sich die Kontrolleure gleichzeitig. Wenn die Bank nun am Hintern der beiden klebte, war das Bier in Ordnung, da genug Malz enthalten war. Manche Literaturhistoriker vermuten übrigens, dass William Shakespeares Vater, John Shakespeare (1529–1601), in seiner Funktion als Ratsherr genau diese Aufgabe verrichtete (bevor er später verarmte und diesen Posten einbüßte).

Trotz Reinheitsgebot konnte damals Bier wenig appetitlich sein. Johann Georg Krünitz (1773–1858) erläutert in seiner *Oeconomischen Encyclopädie*, dass aus schlechtem Wasser oft das beste Bier wird: »Die Erfahrung zeigt öfters, daß zum guten Bierwerden oder zum beßten Brauen eben nicht allezeit das reinste und sauberste Wasser erfordert werde. Das häßlichste, dickste und unfläthigste Wasser giebt öfters das beßte, wohlschmeckendste und nahrhafteste Bier. – – – Und so habe ich gesehen, wie man aus recht garstigen Pfützen und Teichen recht treffliches Bier brauen kann, dergestalt, daß man von der Pluralität bald schlüßen sollte, das allerreinste und schönste Wasser tauge nicht einmahl zur Bierbrauerei.«

»Die Theke ist der Rangierbahnhof der menschlichen Seele«, bemerkte der Dichter Peter Bamm (1897–1975). Kein Wunder also, dass die erste Fracht einer Eisenbahn in Deutschland, die am 11. Juli 1836 fuhr, aus zwei Fässchen Nürnberger Bier bestand, die nach Fürth transportiert wurden.

Erst 1906 galt das Reinheitsgebot in allen deutschen Gebieten und nicht nur im Süden. Bei der Gründung der Weimarer Republik 1918 drängte Bayern darauf, das

Reinheitsgebot auch in der neuen Staatsform zu verankern, sonst werde man – so drohten die Süddeutschen – der Republik nicht beitreten. Europaweit haben sich bis dato (2007) nur die Schweiz und Norwegen dem Reinheitsgebot angeschlossen.

Am 15. März 1910 erließ die Regierung eine »Malzaufschlagssteuer«. Hinter dem undurchsichtigen Namen verbarg sich eine Biersteuer. Die deutsche Regierung hatte dem Volk versprochen, dass es unter ihrer Führung keine Erhöhung der Bierpreise geben würde. Da aber die Staatskasse leer war, besteuerte man die »Malzaufschläger«, also die Bierbrauer, die wiederum ihre erhöhten Abgaben an den Verbraucher in Form höherer Bierpreise weitergaben (der sich von durchschnittlich 24 Pfennig auf 26 Pfennig pro Liter anhob).

»Heute back ich, morgen brau ich, übermorgen hol ich der Königin ihr Kind«, ruft Rumpelstilzchen in seinem Haus voller Vorfreude auf das Kommende. Ein eindeutiger Hinweis darauf, dass im Mittelalter in vielen Haushalten selbst Brot gebacken und Bier gebraut wurde. Bierbrauen fiel in den häuslichen Bereich und war Frauenarbeit. Ein Braukessel gehörte bei vielen zur Aussteuer dazu. Allerdings war das Bierbrauen wegen des Feuers nicht gefahrlos. Schließlich wurde es im späten Mittelalter verboten, weil oft ganze Stadtteile abbrannten, da die Köchinnen gern das Feuer unter dem langsam kochenden Biersud vergaßen. Stattdessen wurden in zahlreichen Städten und Dörfern feuersichere gemeinsame Back- und Brauhäuser eingerichtet.

Kaffee

Nach einer alten Geschichte wurde Kaffee von einem abessinischen Hirten mit Namen Kaldi im Jahre 850 n. Chr. entdeckt, nachdem er überrascht bemerkt hatte, dass seine Schafe gutgelaunt und übermütig über das Weideland sprangen, nachdem sie von den Blättern des Kaffeebaumes gegessen hatten. Als Kaldi die Bohnen dem Abt eines Klosters zeigte, rief dieser: »Das ist Teufelszeug« und warf sie ins Feuer. Doch die verbrennenden Bohnen verströmten einen solch himmlischen Duft, dass der Abt seine Meinung revidieren musste.

Seltsam, dass »Kaffee« ursprünglich »Wein« bedeutete, denn das arabische Wort *Quahwa* bezeichnete im poetischen Sinne ›Wein‹. Die Aufnahme des Kaffees in der arabischen Welt war eine geteilte. Mohammed soll gesagt haben, dass er mit dem anregenden Getränk im Bauch vierzig Männer vom Pferd stoßen und vierzig Frauen beschlafen könne. In der Türkei galt das Fehlen des Kaffees in einem Haushalt als zulässiger Scheidungsgrund.

Doch es gab nicht nur positive Reaktionen. Besonders die Tatsache, dass Kaffee in öffentlichen Häusern serviert wurde, in denen auch Prostituierte, Tänzerinnen und allerlei zwielichtiges Volk ein- und ausgingen, ließ das Getränk in den Augen der Obrigkeit anrüchig erscheinen. In Mekka wurden Kaffeehäuser 1511 verboten, in Konstantinopel wurde ebenfalls zu dieser Zeit der Kaffeekonsum untersagt. Bei wiederholter Zuwiderhandlung sollte der Täter in Säcke genäht in den Bosporus geworfen werden.

1610 bemerkte George Sandys (1578–1644) über die Türken und ihren Kaffeekonsum: »Sie sitzen den ganzen Tag da und reden nur. Dabei trinken sie etwas, was schwarz ist und wie verbrannte Asche aussieht. Es schmeckt übrigens auch so.«

Auch der deutsche Türkei-Reisende Leonhart Rauwolf (um 1540–1596) fand im Jahre 1582 das Aufhebens, das die Türken um den »Chaube« (Kaffee) machten, gleichzeitig faszinierend und befremdlich: »Unter anderem haben die Türken ein Getränk, dass sie schätzen: ›Chaube‹. Es ist so schwarz wie Tinte und ist dem Magen äußerst dienlich. Diesen pflegen sie am Morgen, an öffentlichen Plätzen und ohne Scham vor aller Augen zu trinken. Sie schlürfen ihn aus Ton- oder Porzellanschalen. Das Getränk ist dabei so heiß, wie sie es nur ertragen können. Wenn sie die Tasse angesetzt haben, trinken sie einen kleinen Schluck und reichen die Tasse weiter.«

Es dauerte nicht lange, bis in der frühen Neuzeit Kaffee in England, Frankreich und Deutschland Einzug hielt. Die Einführung ließ schnell die Zahl der Kaffeehäuser wachsen. Das erste öffentliche Kaffeehaus wurde 1551 in Konstantinopel gegründet. Westlicher in Europa entstand in London 1652 ein erstes Kaffeehaus; Marseille folgte 1671, Leipzig dann 1694. In Paris warb man um erste Kaffeetrinker mit dem Spruch: »Kaffee: eine einfache und unschuldige Sache, unersetzlich für denjenigen, der sich depressiv fühlt.« Um 1840 zählte man in Paris bereits 6000 Kaffeehäuser.

Der türkische Botschafter Soliman Aga führte 1669 den Kaffee am Hof Ludwigs XIV. ein, dem dieses neuartige Getränk trefflich mundete. Der Hof, speziell der König, war damals »Trendsetter« für allerhand Dinge. Der Siegeszug des Kaffees war somit nicht mehr aufzuhalten. Die feine Gesellschaft machte den Anfang, darauf folgten die Gelehrten. Faustus Naironus erklärte: »Wenn du nachts studieren willst, musst du fleißig Kaffee trinken.« Am Ende tranken außer der Unterschicht, die dem billigen Alkohol nachhing, Männer aus der ganzen Gesellschaft Kaffee … nur die Männer wohlgemerkt, denn Kaffee wurde erst im 19. Jahrhundert durch die in privater Atmosphäre stattfindenden Kaffeekränzchen auch zu einem Getränk für Frauen.

Im Jahre 1674 wurde von zahlreichen englischen Frauen, die sich ärgerten, dass ihre Männer nicht zu Hause waren (Frauen war der Zutritt zu Kaffeehäusern untersagt), eine »Petition gegen den Kaffeegenuss« eingereicht. Darin hieß es, dass Kaffee die Anzahl der männlichen Spermien verringere und somit zur Bevölkerungsabnahme führe. Die Männer sollten, bitte schön, wieder wie früher ihr Bier trinken und nicht wie quakende Frösche vor einer schlammigen schwarzen Flüssigkeit hocken.

Kaffee anzupflanzen war im Mittelalter schon deswegen nicht möglich, weil man gar nicht im Besitz einer Kaffeepflanze gewesen ist. Also galt es für den aufstrebenden Europäer der Neuzeit, sich erst einmal einer solchen zu bemächtigen. Nach und nach schmuggelten waghalsige Abenteurer unter Lebensgefahr die ersten Nutzpflanzen aus dem Orient. Wie machten sie das? Sie banden sich die Pflanze um ihren Bauch und versteckten sie so unter ihrem Umhang.

Wie brisant eine einzige Kaffeepflanze sein konnte, lehrt folgende Geschichte: Der französische Schiffskapitän Gabriel Mathieu de Clieu erbat Mitte des 18. Jahrhunderts vom französischen König Ludwig XV. (1710–1774) eine Kaffeepflanze, die er in Martinique einpflanzen wollte, um eine Zucht zu beginnen. Der König lehnte ab – zu gefährlich war es, die Pflanze in die Hände eines aus Holland stammenden Unbekannten zu geben. Doch de Clieu gab nicht auf. Heimlich brach er des Nachts unter Mithilfe einer Freundin in den königlichen botanischen Garten, den »Jardin des Plantes«, ein und stahl ein kleines Kaffeebäumchen. Damit schiffte er sich in Richtung Martinique ein. Ein Passagier, der auch an Bord war, entdeckte die wertvolle Ladung und versuchte, die Kaffeepflanze zu entwenden. De Clieu erwischte den Dieb und verprügelte ihn ordentlich. Nachdem das Schiff Stürme und Piratenangriffe überstanden hatte, ging das Wasser zur Neige. Jeder erhielt nur noch eine minimale Menge Wasser täglich. De Clieu verwendete die Hälfte seiner Wasserzuteilung für den hart erkämpften Kaffeebaum. Schließlich gelangte er nach

Martinique, wo er das Bäumchen umgeben von Mauern und beschützenden Sträuchern anpflanzte. Tagelang blieb er daneben sitzen. Die einheimischen Bauern, die Kakao anbauten, hätten mit ihm und seinem Mitbringsel kurzen Prozess gemacht, wenn sie erfahren hätten, dass es eine Kaffeepflanze auf die Insel geschafft hat. Am Ende hatte de Clieu Erfolg: Über 18 Millionen Kaffeepflanzen leiten ihre Herkunft in den nächsten 50 Jahren von diesem einen Bäumchen ab, das zur Keimzelle der dortigen Kaffeeindustrie wurde.

Friedrich der Große (1712–1786) war äußerst verärgert über den immensen Kaffeegenuss. Er bestimmte deswegen 1777: »Es wurmt mich zu sehen, wie viel Kaffee meine Landsleute trinken und wie viel Geld deswegen ins Ausland fließt. Ich bestehe darauf, dass die Bevölkerung ab jetzt nur Bier trinkt.« Kaffee durfte nur noch mit staatlicher Genehmigung ausgeschenkt werden, was die Preise enorm verteuerte. Die armen Leute stellten deshalb ihren Kaffee aus Zichorie her. Einige konnten sich echte Kaffeebohnen verschaffen, aber mussten äußerst auf der Hut sein, denn Friedrich der Große hatte überall Spione. Die Bevölkerung nannte sie »Kaffeeschnüffler«.

Johann Sebastian Bach (1685–1750) war ein leidenschaftlicher Kaffeetrinker und besuchte zweimal pro Woche das Kaffeehaus. Das blieb nicht ohne musikalische Folgen. 1732 präsentierte er die *Kaffee-Kantate*, in der ein junges Mädchen im bitteren Gesang klagt, dass es ihr unmöglich sei, auf den Genuss des Kaffees zu verzichten: »Wenn ich des Tages nicht dreimal / Mein Schälchen Kaffee trinken darf / So werd ich ja zu meiner Qual / Wie ein verdorrtes Ziegenbärtchen.«

Mitte des 18. Jahrhunderts hatte sich der Kaffeegenuss nicht nur durchgesetzt, sondern griff auch wie eine Plage um sich. Der Bischof von Hildesheim erließ, um dem Einhalt zu gebieten, 1780 eine Verordnung, die besagte, dass der gesamte Kaffee der Stadtbürger zu vernichten sei. (Die Adligen, deren Lieblingsgetränk Kaffee war, nahm er klug davon aus.) Ebenso sollten Kaffeemühlen, Tassen, Untersetzer und dergleichen zerstört werden. »Wer es wagt, Kaffee zu verkaufen, dem wird der ganze Vorrat konfisziert, und wer sich wieder Saufgeschirr dafür kauft, kommt ins Gefängnis«, drohte der Bischof.

Schon seit der Einführung der Kaffeehäuser im 17. Jahrhundert gehörte das politische Gespräch unabdingbar zur Kaffeekultur. Die mal ruhigen, mal hitzigen Diskussionen entstanden oft spontan; es wurden aber auch angekündigte Vorträge gehalten, aus dessen Folge sich ein Austausch der Meinungen ergab. Die Engländer nannten die Kaffeehäuser deswegen »penny university«, da sie jedermann gegen die damalige Einlassgebühr von einem Penny Bildung boten. Ein Londoner Café des Jahres 1690 mit Namen »Grecian« versammelte beispielsweise alle philosophisch und naturwissenschaftlich Interessierten. Isaac Newton trank dort gerne seinen Kaffee. Die Literatencafés, in denen sich speziell

Dichter wie Rimbaud oder Verlaine trafen, hielten sich bis ins 19. Jahrhundert als Ort der Begegnung. Der deutsche Philosoph Immanuel Kant (1724–1804) sprach fast nie mit Kollegen; stattdessen besuchte er regelmäßig ein Kaffeehaus, in dem Seefahrer aus aller Welt ein- und ausgingen, und plauderte am liebsten mit den Handelsreisenden über die Wunder der Welt.

Nach der Belagerung von Wien 1683 durch die Truppen des türkischen Großwesirs Kara Mustafa und deren Niederlage am 12. September verließen die Muselmanen fluchtartig die Gegend. Dabei blieb ihr gesamter Proviant zurück.

Der Österreicher Franz Georg Kolschitzky (1640–1694), der fließend Türkisch sprach und deswegen zum Rang des Hofdolmetschers erhoben worden war, stellte nach der erfolgreichen Schlacht fest, dass einige Soldaten gerade dabei waren, etwa 500 übrig gebliebene Säcke aus dem Proviantlager der Türken zu verbrennen. »Um Himmels willen«, rief er, »gebt mir die Säcke, wenn ihr nichts Besseres damit zu tun wisst.« Da die Soldaten den Inhalt für Kamelfutter hielten, überließ man Kolschitzky das Gewünschte. Tatsächlich aber handelte es sich um Kaffeebohnen. Kolschitzky eröffnete damit das erste Wiener Kaffeehaus (»Blaue Flasche«) und machte das Getränk in Österreich populär. Vor allem führte er als Neuerung ein, dem Kaffee einen Schuss Milch beizufügen.

»Im Kaffeehaus sitzen die Talente so dicht an einem Tisch, dass sie einander gegenseitig an der Entfaltung hindern«, schrieb der selbst gern im Kaffeehaus sitzende Dichter Karl Kraus (1874–1936). Peter Altenberg (1859–1919), Schriftsteller und Müßiggänger, gab seine Adresse wie folgt an: »Wien 1, Café Central«. Und Alfred Polgar (1873–1955) brachte den Sinn eines Kaffeehausbesuchs auf den Punkt: »Zwecklosigkeit heiligt den Aufenthalt.« Und: »Ins Kaffeehaus kommt jemand, weil er allein sein will und dafür Gesellschaft braucht.«

Honoré de Balzac (1799–1850) schrieb bis zu 15 Stunden täglich an seinem Romanwerk. Dabei kleidete er sich nicht nur in eine Mönchskutte und aß nur Eier und Trockenfrüchte, sondern trank bis zu 70 Tassen Kaffee täglich. Er verzichtete aus Gründen der Zeitersparnis auf die Mühe, den Kaffee zu brauen. Der Dichter zerstieß einfach Kaffeebohnen und löste sie in Wasser auf. »Mein nächtliches Schaffen beginnt und endet im Strom dieses schwarzen Flusses. Es versetzt mich in Aufruhr, und Ideen entstehen aus dem Nichts.«

Am frühen Nachmittag saßen Prinzessin Anne (geb. 1950) und einige Gäste zusammen und tranken Kaffee. Die Tochter von Elisabeth II. sprach nur von Pferden und langweilte alle Anwesenden. Schließlich bat sie um Zucker für ihren Kaffee. Einer der Anwesenden legte sich zwei Stück Zucker auf die Handfläche und bot ihr diese wie einem Pferd an.

Die Deutsche Gesellschaft für Ernährung (DGE) hat darauf hingewiesen, dass sich die Meinung, Kaffee entwässere den Körper, bei Untersuchungen als falsch erwiesen habe: »Das Getränk Kaffee ist ein wichtiger Teil der täglichen Gesamt-Wasserzufuhr. In der Flüssigkeitsbilanz kann Kaffee in aller Regel so wie jedes andere Getränk behandelt werden.«

Der junge Theodor Fontane (1819–1898) erlernte den Beruf eines Apothekers. In Berlin mietete er sich ein möbliertes Zimmer. Das von seiner Wirtin zubereitete Frühstück ließ allerdings zu wünschen übrig, denn es wird berichtet, dass er am ersten Morgen nach dem Frühstück zu seiner Wirtin sagte: »Wenn das heute früh Kaffee war, dann möchte ich ab morgen einen Tee. Wenn es aber Tee war, dann bitte von jetzt ab Kaffee.«

Der englische Schriftsteller Christopher Fry (1907–2005) bemerkte einmal über den Kaffee seines Landes: »Der englische Kaffee ist eigentlich nur getoastete Milch.«

Der »Cappuccino« leitet sich vom Wort »Kapuziner« her. Die Kutten der Kapuzinermönche haben nämlich dieselbe Farbe wie der Kaffee.

Als der Vater des Bremers Ludwig Roselius (1874–1943) überraschend und jung 1901 starb, führten die Ärzte dies auf dessen Kaffeegenuss zurück. Roselius entwickelte in der Folgezeit den ersten entkoffeinierten Kaffee, den er 1903 unter dem Namen »Sanka« auf den Markt brachte.

Der espressohaltige Nachtisch »Tiramisu« hat neben seinem bemerkenswerten Namen (*tira mi su* ist italienisch für ›zieh mich hoch‹), der auf die anregende Wirkung durch das Koffein hinweist, eine recht kurze und unspektakuläre Geschichte. Er wurde 1971 im Restaurant »Le Beccherie« in Treviso erfunden. Die Besitzer des Cafés, Alba und Ado Campeol, ärgern sich heute, dass sie den Namen damals nicht rechtlich schützen ließen, denn nur so hätten sie am weltweiten Siegeszug des Tiramisus teilnehmen können.

Der neuseeländische Schauspieler Russell Crowe (geb. 1964) arbeitete eine Zeit lang als Kellner. Ein Gast, eine ältere Frau, beschwerte sich eines Tages, dass ihr Kaffee nicht entkoffeiniert sei. Crowe brachte ihr eine neue Tasse. »Aber da ist nur heißes Wasser drin?!«, beklagte sich die Frau. »Lady«, knurrte der spätere Schauspieler, »wenn wir etwas entkoffeinieren, dann aber richtig!«

Ein deutschstämmiger Apotheker mit Namen Heinrich Nestle (1814–1890) – nach seinem Umzug in die französische Schweiz wurde Henry Nestlé daraus – legte mit »Nestles Kindermehl« 1865 den Grundstein des heutigen Weltkonzerns. Bei dem nicht ganz glücklich benannten Produkt »Kindermehl« handelte es sich um einen Muttermilchersatz. Ebenso entwickelte die Firma 1874 eine erfolgreiche Kondensmilch und etablierte sich endgültig im Weltmarkt, als sie 1938 sofortlösliches Kaffeepulver, den »Nescafé«, erfand.

Tee

Es wird erzählt, dass der Wind dem chinesischen Kaiser Shen Nong (3. Jahrtausend v. Chr.), als er heißes Wasser trank, ein Teeblatt in seine Tasse geweht habe. Dieser trank, ohne es zuerst zu bemerken, und entdeckte, wie gut das Wasser plötzlich schmeckte. So soll zum ersten Mal eine Tasse Tee genossen worden sein.

Tee wurde bis ungefähr 700 n. Chr. zunächst in China hauptsächlich in der Kräutermedizin verwendet. Anfangs wurden die Teeblätter zu kleinen Sträußchen gebunden, die man kochte. Später, um das Jahr 800, zerrieben die Chinesen den Tee und rührten ihn wie heutzutage Kakaopulver in heißes Wasser. Erst in der Ming-Dynastie zwischen 1368 und 1644 wurde der Tee, wie man ihn heutzutage kennt, in kleine Schnipsel geschnitten. (Für uns gebräuchliche Zusätze wie Zucker und Milch fügten erst die Europäer hinzu.)

Um das Jahr 1000 herum war Tee in China als Genussmittel populär geworden. Besonders die herumziehenden und oft wilden Nomaden schätzten ihn. Die chinesischen Kaiser und Provinzherren tauschten für ihre Armeen Tee gegen Kamele. Wenn sich ein Nomadenstamm gar zu unbändig aufführte, drohte man ihm mit Entzug der Teelieferung und kontrollierte so die wilden Haufen. So wurde Tee ein politischer Faktor, und das sollte er auch für die kommenden Generationen bleiben.

Giovanni Batista Ramusio (1485–1557) brachte 1556 schließlich zum ersten Mal Tee nach Europa, den er von einem Perser erhalten hatte. Im Laufe der nächsten Jahrhunderte wurde das neue Getränk fest in die europäische Kultur integriert. Der Teeverbrauch in England betrug im Jahr 1828 rund 28 Millionen Pfund. Die Engländer mussten allerdings spätestens zu diesem Zeitpunkt bemerken, dass eine bedeutende Menge an Geld für den Ankauf von Tee nach China floss, wodurch das asiatische Land immensen Reichtum erlangte. Die Engländer schafften deswegen Opium nach China mit dem üblen Vorsatz, das Reich der Mitte von diesem Rauschgift abhängig zu machen, damit sie Tee gegen das von ihnen billig produzierte Opium tauschen konnten. Da die Chinesen dies nicht ohne weiteres akzeptierten, kam es 1839 zum ersten Opiumkrieg zwischen China und England (der zum Niedergang der Wirtschaftsmacht China führte).

Tee wurde im England des 17. Jahrhunderts nur langsam beliebt. Katharina von Braganza (1638–1705) war die portugiesische Gemahlin König Karls II. (1630–1685). Kurz nach ihrer Heirat im Jahre 1662 verlangte sie zum Frühstück – wie sie es vom Hof in Portugal gewohnt war – eine Tasse Tee. Der irritierte Diener antwortete: »Hoheit, Tee trinken wir hier nicht, aber wie wäre es mit einem Bier?« In der Tat tranken die herrschaftlichen Damen damals Bier zum Frühstück. Erst Königin Anne (1665–1714) popularisierte Tee, als sie in späten Jahren von Bier auf Tee wechselte.

Warum England ein Teetrinkerland wurde: Da Holland sowie Frankreich als Kolonien Java und die Antillen besaßen, waren beide Länder zu großen Kaffee-Produzenten geworden. England jedoch hatte lediglich mit dem Tee trinkenden China einen Handelspartner, auf den es seine Macht ausüben konnte. Die Importe aus China waren für sie billiger als der stark durch die Holländer besteuerte Kaffee aus Java. Durch zahlreiche Werbekampagnen versuchte die Regierung, Tee bei den Engländern beliebt zu machen. Trotzdem war der Kaffee bis ins 18. Jahrhundert in England populärer, zumindest bei den Männern, weil Tee ein Frauen-Image hatte, während der dunkle, starke Kaffee als männlich galt. Dies änderte sich erst, als man anfing, Tee mit Zucker zu versetzen, woraufhin auch die Männer plötzlich Tee tranken. Man könnte ja meinen, dass der Süßstoff den Tee eher noch damenhafter machen würde, aber im Gegenteil: Zucker galt als Energielieferant und lieferte der Männerwelt einen willkommenen »Energiekick«.

Neben schwarzem und grünem Tee ist der Oolong-Tee (gesprochen Wulong) sehr beliebt, dessen Blätter eine längere Oxidationszeit als der grüne Tee haben. Der Name bedeutet je nach Übersetzung entweder »schwarzer Drache« oder »schwarze Schlange«. Dazu gibt es zwei Sagen. Die eine berichtet, dass um das Jahr 250 n. Chr. eine große Dürreperiode in der chinesischen Provinz Hang-Tschou herrschte. Die Bauern hörten von einem schwarzen Drachen, der sich in der Nähe versteckt hielt. Sie gingen zu ihm und baten ihn um Regen. Der Drache erfüllte den Wunsch, und seitdem trägt der Tee seinen

Namen. Die andere Sage handelt von einem Bauern, der seinen Tee ernten wollte. Doch als er sich seinen Feldern näherte, hielt ihn eine große schwarze Schlange davon ab. Als die Schlange einige Zeit später endlich verschwunden war, war der Tee in der Sonne fermentiert und Oolong-Tee auf diese Weise entstanden.

Eigentlich wollte der New Yorker Teegroßhändler Thomas Sullivan im Jahre 1904 den Teeladenbesitzern nur eine Probe der neuesten Teeernte zukommen lassen. Er verpackte die Proben in Seidenbeutelchen. Einige der Händler aber – anstatt diese zu öffnen – tunkten das ganze Säckchen ins Wasser. Das brachte Sullivan auf die Idee, die er dann erfolgreich vermarktete: den Teebeutel – bei dem es sich also ursprünglich nur um eine Transportverpackung handelte.

Da Anna, die Herzogin von Bedford (1788–1861), ein gewisses »Absinkgefühl« gegen fünf Uhr mittags verspürte, lud sie zu der Zeit Freundinnen ein, um gemeinsam mit ihnen eine Tasse Tee und etwas Gebäck zu sich zu nehmen … und erfand so die Teezeit.

Die USA sind kein Teetrinkerland. Als man Tee zum ersten Mal in der Neuen Welt einführte, schütteten die Hausfrauen das vermeintliche Kochwasser weg und servierten stattdessen die Teeblätter mit Sirup vermischt.

Der vom englischen König Georg III. (1738–1820) erlassene »Tea-Act« beendete endgültig die positive Beziehung der Amerikaner zum Tee. Das Ironische bei der Sache war, dass der Tea-Act den Preis des englischen Tees in Amerika gesenkt hätte. Aber viele Amerikaner lebten von geschmuggeltem Tee; ein niedriger Teepreis hätte sie ruiniert. Bei der sogenannten Boston Tea Party von 1773 revoltierten die Amerikaner gegen die ihnen von »außen« aufgezwungenen Gesetze. Sie kippten 342 Kisten mit Tee ins Meer.

Bei den Aufständischen der Boston Tea Party handelte es sich genau genommen um 50 Männer, die sich zuvor auf einer anti-englischen Versammlung mit Punsch Mut angetrunken hatten. Vermutlich um nicht erkannt zu werden oder weil ihnen der Alkohol zu Kopf gestiegen war, verkleideten sie sich als Mohawk-Indianer, bevor sie unter Kriegsgeheul zum Hafen liefen und sich der Ware der englischen Schiffe bemächtigten. Im Hintergrund der Aktion standen Amerikaner wie John Hancock (1737–1793), der am Teeschmuggel Geld verdiente.

Die Boston Tea Party löste den amerikanischen Befreiungskrieg aus und erschütterte das Verhältnis der Amerikaner zum Tee. Kaffee statt Tee zu trinken, ist seit damals ein patriotischer Akt.

Wein

In der Antike misstraute man dem Genuss von Wein und reglementierte dessen Gebrauch. Römische Frauen durften üblicherweise keinen Wein trinken, auch Männern unter fünfunddreißig Jahren war es nur erlaubt, verdünnten Wein zu trinken. Die einzige von der Öffentlichkeit akzeptierte Ausnahme bestand darin, als junger Gastgeber einem Gast zuzuprosten. Bei dieser Gelegenheit durfte unverdünnter Wein benutzt werden. Schließlich lockerte sich die Sitte, und es war Unterfünfunddreißigjährigen gestattet, so viele Becher Wein zu trinken, wie der Gast Buchstaben im Namen hatte. Jemand, der Cassiodorus hieß, wurde entsprechend lieber eingeladen als ein Cato.

Um die Trink-Vorschriften zu umgehen, traf sich eines Tages eine Gruppe junger Griechen in einem Haus, mit dem Ziel, möglichst viel unverdünnten Wein zu trinken. Doch gerieten sie in einen solchen Rausch, dass sie glaubten, sie wären in einem großen Schiff auf dem Meer. Und es schien ihnen, dass ihr Boot in einen Sturm geraten wäre. Sie warfen alle Möbel aus dem Haus und setzten sich ans Fenster, um zu rudern. Erst als einige Leute ins Haus eindrangen, verflog der Wahn. Das Haus wurde allerdings noch Jahre später das »Ruderboot« genannt.

Die Römer tranken gerne Wein, doch manche von ihnen übertrieben es in den Augen ihrer Zeitgenossen. Aus Britannien ist der Grabstein von Titus Faminius erhalten, der 45-jährig starb. Darauf steht: »Mögen die Götter dafür sorgen, dass du wenigstens in der Unterwelt die Finger vom Wein lässt.«

Die Römer liebten Mulsum, eine Mischung aus Honig und Wein. Als der 100-jährige Romilius Pollio zur Privataudienz bei Kaiser Augustus geladen war und von jenem gefragt wurde, durch was er ein solch hohes Alter erreicht habe, antwortete Romilius Pollio: »Innen durch Mulsum, außen durch Olivenöl.«

Papst Johannes XXIII. (1245–1334) musste aus politischen Gründen seinen Sitz von Rom nach Avignon verlegen. Um sich mit gutem Wein zu versorgen, ließ er neben dem Ort Chateauneuf Wein anbauen, der Beginn einer wunderbaren Weinkarriere – »Chateauneuf du Pape«!

Petrus Damianus (um 1006–1072) bereiste im 11. Jahrhundert Frankreich. Wie sehr sich der französische Anspruch an den Wein seit damals gesteigert hat, lässt sich aus dieser Äußerung gut entnehmen: »Bei den Franzosen herrscht die Gewohnheit, die Aufbewahrungsbehälter und die Trinkgefäße des Weines mit Pech auszustreichen. Die Einheimischen sagen, der Wein wäre mit schwarzer Farbe gewürzt, aber allen Reisenden wird speiübel davon. Mir bot man ihn mit großer Empfehlung an, danach wollte ich allerdings die Gesellschaft schnellstens verlassen.«

Jean de Lery (um 1536–1613) bereiste 1557 Brasilien und traf auf dort lebende Eingeborene. Bei diesen probierte er ein schmackhaftes, alkoholisches Getränk, das Kauin. Es schien ihm wie Wein zu schmecken, doch dessen Genuss verging dem Entdecker schnell, als er hörte, wie es zubereitet wurde. Harte Maniok-Wurzeln wurden in großen Tongefäßen gekocht, bis sie weich wurden. Danach nahmen die Indianerinnen die aufgeweichten Wurzeln in den Mund und kauten sie mehrere Minuten, ohne sie zu schlucken. Schließlich kochten die Frauen das durchgekaute Wurzelwerk noch einmal auf und ließen es bedeckt einige Tage stehen, damit die Flüssigkeit gären konnte. Die Indianer äußerten übrigens, als sie hörten, dass Weintrauben in Europa bei der Weinherstellung vielerorts mit Füßen zertreten wurden: »Widerlich!«

»Nehmen Sie doch eine Traube«, sagte eine Gastgeberin zu Jean-Anthelme Brillat-Savarin (1755–1826). »Danke, nein«, entgegnete jener, »ich nehme meinen Wein nie in Pillenform zu mir.«

In Madrid gibt es die Tradition, zu Silvester bei jedem der zwölf Glockenschläge, die das neue Jahr verkündeten, eine Traube in den Mund zu stecken. Eigentlich ist das Ziel, alle zwölf Trauben am Ende der Glockenschläge gegessen zu haben, was aber praktisch unmöglich ist. Der Brauch soll zu einer Zeit entstanden sein, als einmal eine reiche Traubenernte in einem Jahr zu verzeichnen war. Der König veranlasste, dass jedem Bürger in Madrid eine große Portion Trauben zugeteilt wurde.

Nach der Legende rief der französische Benediktiner-Mönch Dom Pierre Pérignon (1638–1715), als er den Champagner erfunden hatte und das erste Glas probierte, den anderen Mönchen zu: »Kommt alle her, ich trinke die Sterne!« Ein guter Spruch, allerdings war »sprudelnder Wein« lange vorher von den Engländern erfunden worden. Die Briten waren hundert Jahre vor Dom Pérignon in der Glasherstellung führend. Da ungefähr der Luftdruck von drei Autoreifen in einer Sekt-Flasche steckt, musste das Glas besonders gut sein. Ebenso benutzten die Engländer Eichenkorken, die sie aus Spanien bezogen. Die Franzosen aber vertrauten auf in Öl getauchte Hanfkorken (davor Bienenwachs), um ihre Flasche abzudichten, wenig geeignet für Champagner. Eine der Neuerungen, die Dom Pérignon jedoch einführte, waren die besseren Eichenkorken.

Über die Entstehung der niedrigen, offenen Champagnergläser, der Sektschalen, gibt es eine Geschichte, die immer wieder gerne erzählt wird. Der französische König Heinrich II. (1519–1559) liebte die Brüste seiner Mätresse Diane de Poitiers (1499–1566) so sehr, dass er ihr schwor, er würde am liebsten aus ihnen trinken. Die Mätresse ließ vom Hofglasbläser Gläser in der Form ihrer Brüste anfertigen und schenkte sie ihrem König, der mit großem Vergnügen Wein daraus trank (Champagner war damals noch nicht erfunden).

In der Regel werden Korken aus der Rinde einer bestimmten Eiche (*quercus suber*) gestanzt. Portugal liefert 80 Prozent der Weltproduktion. Wenn der Wein nach Korken schmeckt, hat sich nicht das Material, sondern das Bindemittel (Suberin) des Korkens im Wein gelöst, was einen bitteren Geschmack erzeugt.

»Chateau Lafite Rothschild«, »Chateau Margaux«, »Chateau Latour« haben als Weine immer noch einen guten Klang. Im 18. und 19. Jahrhundert teilte man Weine in Frankreich in »Chateau« (Burg), »Bourgeois« (Bürgerlich), »Ordinaire« (Gewöhnlich) ein; je nachdem, ob sich hinter der Weinproduktion ein Adliger, ein (bürgerlicher) Privatmann oder ein (gewöhnlicher) Bauer verbarg. Entsprechend der gesellschaftlichen Stufen musste auch die Qualität des Weins ausfallen.

Für den Messwein, der beim katholischen Gottesdienst verwendet wird, gibt es keine Vorschriften, außer dass er aus Trauben einer einzigen Sorte bestehen muss. So gesehen könnte sich der Pfarrer auch ein Glas alten Portwein zur Messe einschenken. Als aber Papst Johannes Paul II. (1920–2005) im Jahre 2004 Lourdes besuchte, entbrannte in Frankreich eine eifersüchtige Diskussion darüber, welcher Wein im Becher des Papstes enthalten sein dürfe, den er während des Gottesdienstes in Lourdes trinken würde. Das Rennen machte nach langem Hin und Her ein Madiran aus dem gleichnamigen französischen Anbaugebiet, bekannt für teure und anspruchsvolle Weine.

Literaturhinweise

Aelian: Historical miscellany. Cambridge 1997. – Alcock, Joan P.: Food in Roman Britain. Stroud 2001. – Alcott, William Andrus: The Young House-Keeper: or, Thoughts on Food and Cookery. Boston 1838. – Allen, Brigid [Hrsg.]: Food. An Oxford anthology. Oxford 1994. – Alzheimer, Andreas Josua: Wahrhafte Beschreibung etlicher Reisen in Europa, Africa, Asien und America 1595–1610. Tübingen 1971. – Anecdotes of Lord Byron from authentic sources. London 1825. – Apicius: De re coquinaria / Über die Kochkunst. Stuttgart 1991. – Asimov, Isaac: Isaac Asimov's book of facts. New York 1997. – Athenaeus: The deipnosophists. London 1993. – Aubrey, John: Brief lives. Boydell 1993. – Auricoste de Lazarque, Ernest: Cuisine messine. Nancy 1892. – Austin, Thomas: Two fifteenth-century cookery books. London 1888. – Barczyk, Michael: Essen und Trinken im Barock. Sigmaringen 1981. – Bayard, Tania [Hrsg.]: Ein mittelalterliches Hausbuch. Praktischer Ratgeber für Familie, Haus und Garten. Freiburg 1992. – Beauvilliers, Antoine: L'art du cuisinier. Nachdruck 1816. Luzarches 1980. – Becher, Ursula: Geschichte des modernen Lebensstils. München 1990. – Beecher-Stowe, Harriet: The American woman's home. Hartford 2004. – Bickel, Walter: Große Namen. Berühmte Speisen. Wer ist wer auf der Speisekarte? Stuttgart 1998. – Bilder-Conversations-Lexikon. Reprint Eching 1994. Leipzig 1838. – Blot, Pierre: Hand-book of practical cookery, for ladies and professional cooks. Containing the whole science and art of preparing human food. New York 1868. – Bollinger, Armin: So nährten sich die Inka. Zürich 1986. – Bommer, Sigwald: Die Gabe der Demeter. Geschichte der griechischen und römischen Ernährung. München 1960. – Brillat-Savarin, Jean-Anthèlme: Physiologie des Geschmacks. München 1962. – Burton, Robert: Anatomie der Schwermut. Über die Allgegenwart der Melancholie, ihre Ursachen und Symptome sowie die Kunst, es mit ihr auszuhalten. Eichborn 2003. – Bustamente, Jésus [Hrsg.]: Relatione d'alcune cose della Nuova Spagna. Madrid 1986. – Carlin, Martha [Hrsg.]: Food and eating in medieval Europe. London 1998. – Carter, Susannah: The frugal housewife, or, Complete woman cook. New York 1803. – Character of coffee and coffee-houses. London 1661. – Charsley, Simon: Wedding

cakes and cultural history. London 1992. – Cogliati, Luisa [Hrsg.]:
Tacuinum sanitatis. Das Buch der Gesundheit. München 1976. –
Cointeraux, François: La cuisine renversée. Lyon 1795. – Conversa-
tions-Lexikon für alle Stände. Pest 1834. – Dalby, Andrew: Siren
feasts. A history of food and gastronomy in Greece. London 1996.
– Davidson, Alan: Oxford companion to food. Oxford 1999. – De
Gallica Petri Damiani profectione et eius ultramontano itinere. In:
Monumenta Germaniae Historica, Scriptores, XXX, 2. Leipzig
1927. – Durry, Andrea: Das Kölner Schokoladenmuseum. Köln
2004. – Essen und Trinken in alter Zeit. Würzburg 1991. – Fadiman,
Clifton [Hrsg.]: Book of anecdotes Boston 1985. – Farrington de
Voe, Thomas: The market assistant, containing a brief description
of every article of human food sold in the public markets of the ci-
ties of New York, Boston, Philadelphia, and Brooklyn. New York
1867. – Faustus Naironus: De saluberrima potione cahve, seu cafe
nuncupata discursus. Rom 1671. – Feinberg Vamosh, Miriam: Essen und Trinken in biblischer Zeit. Düsseldorf 2004. – Ficinus,
Marsilio: De vita libri tres. Olms 1978. – Friedell, Egon: Kulturge-
schichte der Neuzeit. München 1927. – Gellius, Aulus: The attic
nights of Aulus Gellius. London 1984. – Gies, Joseph: Life in a medieval castle. New York 1974. – Gies, Joseph: Life in a medieval vil-
lage. New York 1990. – Gross, John [Hrsg.]: The new Oxford book
of literary anecdotes. New York 2006. – Hammond, Peter W.: Food
and feast in medieval England. Stroud 1993. – Henderson, Mary:
Practical cooking and dinner giving. New York 1877. – Horkhei-
mer, Hans: Nahrung und Nahrungsgewinnung im vorspanischen
Peru. Berlin 1960. – Kafka, Franz: Gesammelte Werke. Frankfurt
a. M. 1989. – Kellogg, Ella Eaton: Science in the kitchen. Chicago
1893. – Knigge, Adolph Freiherr: Über den Umgang mit Menschen. Augsburg 2003. – Kopp, Rita: Edelsüß und Rosenscharf. Die
Welt der alten Gewürze. Ostfildern 2005. – Krünitz, Johann Georg:
Oeconomische Encyclopädie oder allgemeines System der Land-
Haus- und Staats-Wirthschaft: in alphabetischer Ordnung. Berlin
1773–1858. Hildesheim 1981. – Kurlansky, Mark: Salt. A world
history. London 2003. – Larioux, Bruno: Une histoire culinaire du
moyen âge. Paris 2005. – Lebrecht, Norman: The book of musical
anecdotes. New York 1985. – Lery, Jean de: Brasilianisches Tage-
buch 1557. Tübingen 1967. – Le viandier de Guillaume Tirel, dit
Taillevent. Genf 1967. – van Loo, Bart: Als kok in Frankrijk. Ant-
werpen/Amsterdam 2008. – Mahn, Manuela: Gewürze. Geschich-

te – Handel – Küche. Stuttgart 2001. – Maier, Robert [Hrsg.]: Liber de coquina. Frankfurt a. M. 2005. – Manger en Chine. Une exposition d'alimentation. Vevey 1997. – Manual for army cooks. Washington 1896. – Martino da Como: Libro de arte coquinaria. Udine 1994. – McGee, Harold: On food and cooking. The science and lore of the kitchen. New York 1984. – Mennell, Stephen: Die Kultivierung des Appetits. Die Geschichte des Essens vom Mittelalter bis heute. Frankfurt a. M. 1988. – Men's answer to the women's petition against coffee. London 1674. – Mente, Michael: Essen, Alltag und Verwaltung im Kloster. Das Kreuzlinger Küchenbuch von 1716: Text, Kommentar und Auswertung. Zürich 2005. – Müller, Fritz C.: Wer steckt dahinter? Namen, die Begriffe wurden. Düsseldorf 1964. – Naser-e-Khosrou: Safarname. Ein Reisebericht aus dem Orient des 11. Jahrhunderts. München 1993. – Nostradamus, Michael: Le livre des confitures. Paris 1981. – Packard, Francis R.: The school of Salernum. Regimen Sanitatis Salernitanum. New York 1970. – Parloa, Maria: Chocolate and cocoa recipes. Dorchester 1916. – Pendergast, Mark: Kaffee. Wie eine Bohne die Welt verändert. Bremen 2001. – Plutarch's lives in eleven volumes. London 1959. – Raleigh, Walter: Gold aus Guyana. Die Suche nach El Dorado. Stuttgart 1988. – Rebora, Giovanni: Culture of the fork. New York 1998. – Regula Benedicti, Die Benediktusregel. Beuron 1992. – Schieren, Bodo A.: Spaghetti. München 1998. – Schmidt-Leukel, Perry [Hrsg.]: Die Religionen und das Essen. Kreuzlingen 2000. – Schmitt, Eleonore: Das Essen in der Bibel. Mainz 1991. – Schweizer, Frank: Wie Philosophen sterben. München 2003. – Scully, Terence: The art of cookery in the middle ages. Woodbridge 1995. – Sherwood, Mary Elizabeth W.: Manners and social usages. New York 1887. – Sollbach, Gerhard E.: Amerika 1590. Europas erste Bilder von der Neuen Welt. Der Virginia-Bericht Thomas Harriots. Kettwig 1992. – Spang, Rebecca: The invention of the restaurant. Paris and modern gastronomic culture. Harvard 2001. – Spencer, Colin: British food. An extraordinary thousand years of food. London 2003. – Stadtluft, Hirsebrei und Bettelmönch. Die Stadt um 1300. Zürich 1992. – Stahmer, Klaus: Tafelmusik im Barock. Die Waage 7 (1953) S. 299–306. – Tacitus, Cornelius: Germania. Stuttgart 2000. – Teuteberg, Hans Jürgen: Nahrungsgewohnheiten in der Industrialisierung des 19. Jahrhunderts. Münster 2005. – Thorbecks kleine Gewürzkunde. Herkunft und Verwendung der Gewürze. Ostfildern 2006. – Thornwell, Emily: The lady's guide to perfect gentility, in manners, dress, and conversation. New York 1856. – Toussaint-Samat, Maguelonne: History of food. New York 1992. – Unger, Andreas: Von Algebra bis Zucker. Arabische Wörter im Deutschen. Stuttgart 2006. – Ward, Artemis: The Grocer's encyclopedia. New York 1911. – Watanna, Onoto: Chinese-japanese cook book. Chicago 1914. – Weeber, Karl-Wilhelm: Die Weinkultur der Römer. Düsseldorf 2005. – Widukind vom Corvey. Res gestae Saxonicae, Die Sachsengeschichte. Stuttgart 2002. – Wilkins, John M.: Food in the ancient world. Oxford 2006. – Wintergerst, Martin: Zwischen Nordmeer und Indischem Ozean. Meine Reisen und Kriegszüge in den Jahren 1688 bis 1710. Stuttgart 1988. – Women's petition against coffee. London 1674.

Internetseiten

http://fuerstpueckler.de – http://gospain.about.com/od/fooddrink
http://inventors.about.com – http://latis.ex.ac.uk/classics/
undergraduate – http://lethaldose.org – http://maria.fremlin.de/
parsley – http://observer.guardian.co.uk – http://shortnews.stern.
de – http://splendidtable.publicradio.org/recipes – http://staff.
imsa.edu/wlang – http://timesofindia.indiatimes.com/ – http://
unitproj1.library.ucla.edu/biomed/spice – http://webexhibits.org/
butter – www.lebkuchen-schmidt.com – www.1000-islands.com
www.abseits.de/restaurant_geschichte.htm – www.admirable-tea.
com – www.anecdotage.com – www.askasia.org – www.austern.
com – www.australianbeers.com – www.beekeeping.com – www.
bier-lexikon.lauftext.de – www.biltongmakers.com – www.
birdseyefoods.com – www.browfarm.co.uk – www.cambridge.org
www.cliffordawright.com/history – www.cocktailtimes.com
www.cs.utk.edu/~mclennan – www.deutschlands-obstsorten.de
www.diplomatie.gouv.fr – www.eat-online.net – www.
englishheathenism.homestead.com – www.exploratorium.edu/
cooking – www.factmonster.com – www.fao.org – www.
findarticles.com – www.foodmuseum.com – www.foodreference.
com – www.foodtimeline.org – www.fortunecookie.demon.co.uk
www.fosters.com.au – www.france-property-and-information.
com/sauce-hollandaise-history.htm – www.franceway.com

www.geocities.com/napavalley/6454/history1.html – www.
godchecker.com – www.godecookery.com – www.historic-uk.com
www.hort.purdue.edu – www.inmamaskitchen.com – www.jcgi.
pathfinder.com – www.gatewaygourmet.com/robert_sauce.htm
www.gemueseorchester.org – www.hungrymonster.com – www.
italianpasta.net – www.kachold.de – www.kellerbriefe.ch – www.
labellecuisine.com – www.lucidcafe.com – www.madehow.com
www.maisons-champagne.com – www.margarine.org – www.
markeneis.de – www.menumagazine.co.uk – www.miroir.com/
the/the2.html – www.mondodelgusto.it – www.mostlywind.co.uk
www.mrbreakfast.com – www.mtholyoke.edu – www.
multimedia-kueche.de – www.mundusloci.org – www.museum.
upenn.edu – www.music-with-ease.com/beethoven.html – www.
mvproduce.com/papahistory.html – www.nationalgeographic.
com/coffee – www.netzwissen.com/ernaehrung – www.
planet-wissen.de – www.portwine.de – www.preussen-chronik.de
www.quarks.de – www.quintron-usa.com/genetics.htm – www.
rabimusah.com/organosulfur.htm – www.realcoffee.co.uk – www.
rumford.com – www.sallys-place.com/food – www.spartacus.
schoolnet.co.uk – www.straightdope.com – www.sturgispretzel.
com – www.sylvestersrestaurant.com/slygram.html – www.
thaliatook.com/annona.html – www.theepicentre.com – www.
toffi.net – www.topics-mag.com – www.trimalchios-fest.de
www.tu-chemnitz.de/phil/leo – www.uni-marburg.de/~gloning/
rumpkuh.htm – www.unipi-pasta.it/storia/storia1.htm – www.
was-steht-auf-dem-ei.de – www.wien-vienna.at – www.wikipedia.
org – www.wordorigins.org – www.xent.com/august97 – www.
yscoffee.com – www.zingermans.com

>> *Das Nebensächliche,*
soviel ist richtig, gilt nichts, wenn es bloß
nebensächlich ist, wenn nichts drinsteckt.
Steckt aber was drin, dann ist es die
Hauptsache, denn es gibt einem dann immer
das eigentlich Menschliche.

THEODOR FONTANE

Ich stelle fest, ich bin einzig
Die Großen der Geschichte in Anekdoten
Ausgewählt und aufgezeichnet von Frank Schweizer
231 S. · ISBN 978-3-15-010633-4

Das muss wie im Zoo klingen
Musiker-Anekdoten
Von Friederike C. Raderer und Rolf Wehmeier
Mit 16 Illustrationen von Egbert Herfurth
247 S. · ISBN 978-3-15-010654-9

Nur einer hat mich verstanden ...
Philosophenanekdoten
Ausgewählt und aufgezeichnet von Frank Schweizer
230 S. · ISBN 978-3-15-010590-0

Kuchen nur versehentlich gesendet!
Kulinarische Anekdoten und Kuriositäten
Ausgewählt und aufgezeichnet von Frank Schweizer
227 S. · ISBN 978-3-15-010686-0

Alle Ausgaben gebunden mit Schutzumschlag